Allgemeiner Überblick zur Lage

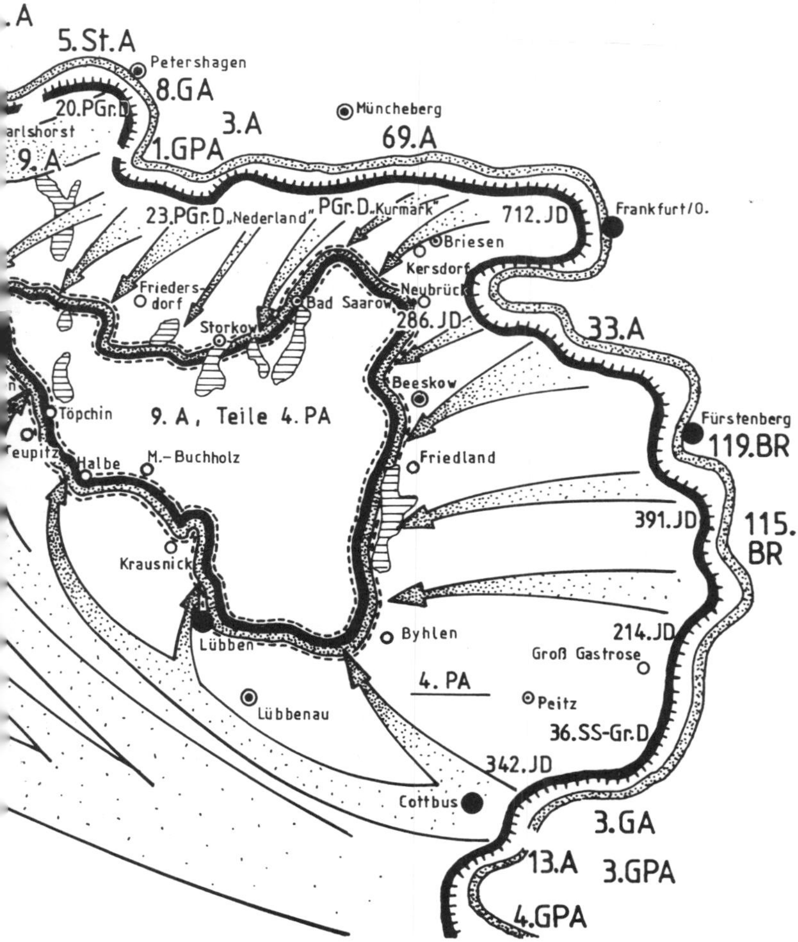

Lakowski · Stich

DER KESSEL VON HALBE 1945

Das letzte Drama

Richard Lakowski · Karl Stich

DER KESSEL VON HALBE 1945

Das letzte Drama

Brandenburgisches Verlagshaus

SIEGLER

Brandenburgisches Verlagshaus
in der Siegler Verlag GmbH
Einsteinstraße 10
53757 Sankt Augustin

Bildnachweis:
Bundesarchiv Koblenz (4), Bundesarchiv – Militärarchiv Freiburg (13),
Fleischer (3),
Jean Molitor (24), Verlagsarchiv (17), Peter Hein (2)

Umschlagfotos:
Sowjetische Truppen auf dem Vormarsch nach Wester; Frau mit Kind – Bildarchiv Preußischer Kulturbesitz; Grabstein auf dem Friedhof in Halbe.
Aufn.: Jean Molitor, 1996

Kartenentwürfe: Dr. Karl Stich
Kartenzeichnungen: Manfred Meyer, Berlin

Umschlaggestaltung: Morian & Bayer-Eynck, Coesfeld
Gestaltung und Satz: Typografik & Design – Ingeborg Zoschke

Printed and bound in Germany

ISBN: 3-87748-633-9

Inhalt

Gedanken der Verfasser

Zwei Generationen sind nach Ende des Zweiten Weltkrieges in Deutschland – bis 1990 in zwei Staaten – aufgewachsen. Seit wenigen Jahren wieder vereint, stellen sich Fragen zum Zweiten Weltkrieg, diesem unser Jahrhundert bestimmenden Ereignis, den Großvätern, Vätern und Enkeln und nicht zuletzt dem weiblichen Teil der Bevölkerung erneut oder zum ersten Mal. Vor dem Hintergrund der Tagesereignisse waren sie bis vor kurzem weniger beachtet worden.

Einiges wird durch die Öffnung eines Teiles der Archive in den beteiligten Staaten klarer, neue Probleme, vorher nicht erahnt, werden aufgeworfen. Die Nachkommen stellen ihre Fragen an die Geschichte und damit an die vorhergehenden Generationen direkter. Bisher nicht gesehene oder wahrgenommene Punkte in unserer Vergangenheit holen uns bei der Neuordnung der Verhältnisse zu unseren Nachbarn im Osten wieder ein.

Menschlich verständlich berühren vor allem jene Begebenheiten, die bekanntes oder familiäres Schicksal betreffen, am stärksten. Insofern ist es nicht zufällig, dass die Ereignisse des Jahres 1945 und damit das Los der deutschen Bevölkerung das Interesse der Öffentlichkeit im besonderen Maße wecken.

Das Verständnis hierfür sollte uns aber nicht vergessen lassen, dass alles, was zu dieser Zeit geschah – und hierzu gehören die Kämpfe und das Sterben bei Halbe –, nur das Ende des schrecklichen Geschehens war, an dessen Beginn Ähnliches und Schlimmeres den meisten Völkern Europas geschehen war.

Hier soll jedoch nicht über Schuld oder Unschuld gerichtet werden. Vielmehr möchten die Autoren die Ereignisse so schildern, wie sie sich anhand der Quellen, aus Berichten von Zeitzeugen und bei Ortsbegehungen ihnen darstellten. Und der Leser möge sich zum Nachdenken angeregt fühlen.

Die Verfasser
Berlin, Dresden 1996

I.
Der Südosten Brandenburgs, eine Landschaft am Rande der Geschichte

Das Gebiet, von dem im Folgenden die Rede sein wird, lag zu einem Teil in der Mittelmark, zum anderen in der Niederlausitz.

Seit dem 13. Jahrhundert gehörte die aus den Ländern Barnim, Teltow und Lebus bestehende Mittelmark zur Kurmark, der späteren Provinz Preußens und dem heutigen Land Brandenburg. Es waren Teile der Mittelmark, die das Bild Brandenburgs als der Streusandbüchse des Heiligen Römischen Reiches Deutscher Nation prägten. Theodor Fontane brachte dies in seinen »Wanderungen« zum Ausdruck, als er über Mittenwalde, ein Städtchen in dieser Region, schrieb: »Im allgemeinen darf man fragen: Wer reist nach Mittenwalde? Niemand.« Über Teupitz, ein weiterer Name aus dem Kessel, berichtete der berühmte Chronist und Romancier: »All diese Schilderungen galten seiner Armut. ›Die Poesie des Verfalls liegt über dieser Stadt‹ so hieß es voll dichterischen Ausdrucks.« Und von König Friedrich Wilhelm IV. überlieferte Fontane weiter, er hätte »halb im Scherz und halb in Teilnahme gesagt: ›Die Teupitzer sind doch meine Treuesten; wären sie's nicht, so wären sie längst ausgewandert.‹« Die Landschaft, so der Dichter weiter, »ist ein ausgesprochenes Heideland, ... Immer wieder dieselben alten und wohlbekannten Elemente: See und Sand und Kiefer und Kussel.«

Anders die Niederlausitz, die nach wechselnden dynastischen Verwicklungen erst nach dem Wiener Kongress zu Preußen kam und 1816 der Provinz Brandenburg, Regierungsbezirk Frankfurt an der Oder, zugewiesen wurde. Historisch und geografisch zeigt sie mit dem Spreewald im Süden und der zwischen Barnim und Teltow fließenden Spree mit dem Hügelland bei Bad Saarow im Norden ein anderes Gesicht als die Mittelmark.

Diese spröde, dennoch reizvolle und vielgesichtige Landschaft war nicht allein die Kulisse für das dramatische Geschehen im Jahre 1945, sondern ihre Gegebenheiten bildeten im hohen Maße die Voraussetzung für das letzte Drama und bestimmten dessen Verlauf entscheidend mit. Insofern gehört zu seinem näheren Verständnis eine ausführlichere Betrachtung der physisch-geografischen Bedingungen der Landschaft im Süden und Südosten Berlins.

Die natürlichen Grenzen des Kampfgebietes waren im Norden das Berliner Urstromtal, im Süden das Baruther Urstromtal mit dem Spreewald, im Westen die Niederungen der Nuthe und Nieplitz, im Osten die Spree mit den Seen um Lieberose.

Der Raum des späteren Kessels von Halbe hat eine Tiefe von rund 80 und eine durchschnittliche Breite von etwa 25 Kilometern, insgesamt also eine Fläche von 2 000 Quadratkilometern. Den größten Teil nimmt die zwischen den beiden Urstromtälern gelegene Lieberoser Hochfläche ein, die von Brandenburg über Beelitz und Lieberose bis nach Guben reicht.

Kennzeichnend für das gesamte Gebiet ist der Wald- und Seenreichtum. Der ostwärtige Raum des späteren Kessels wird von nahezu allen Seiten von natürlichen Hindernissen begrenzt. Im Norden das erwähnte Bad Saarower Hügelland, von den Rauenschen Bergen bis zum Scharmützel- und Storkower See reichend. Es hat eine durch Grund- und Endmoränen der Eiszeit gebildete Oberflächengestalt: Hochflächen, Hügelgruppen sowie Niederungen wechseln sich ab. Der von Wäldern umgebene 13 Quadratkilometer große Scharmützelsee ist der größte See in der Mark Brandenburg.

Wälder und Seen bestimmen die Landschaft der Mark Brandenburg im Südosten von Berlin

Während sich nach Osten die Beeskower Hochfläche mit einer Reihe von Erhebungen über 100 Metern anschließt, erstreckt sich im Westen bis Königs Wusterhausen das Seengebiet der Dahme oder der Wendischen Spree, wie sie Fontane noch nannte. Es besteht aus den so häufig in der Mark anzutreffenden Talsandflächen, Rinntälern und Talniederungen. Die Höhen betragen zwischen 30 und 50 Meter.

Im Westen liegt eine nahezu geschlossene Seenkette von Königs Wusterhausen bis Teupitz. Von hier aus dehnen sich einzelne Seen bis nach Zossen aus. Die natürliche Barriere nach Süden bildet ein Waldgebiet, das nach der Spree, die hier mit zahlreichen Armen durchfließt, benannt ist. Nach Verlassen des Spreewaldes fließt der Fluss nordwestlich in den

Schwielochsee und nimmt seinen Lauf an dessen Nordzipfel in Richtung Beeskow. Der hier gelegene Glower- und Leißnitzsee sind Spree-Erweiterungen mit ausgedehnten Schilfgürteln. Neben den genannten größeren Seen befindet sich vor allem in dem Gebiet südostwärts Königs Wusterhausen – Teupitz eine größere Anzahl wenig bekannter Seen, Teiche, Bäche und Fließe.

Der größte Teil des interessierenden Raumes wird von ausgedehnten Waldmassiven bedeckt, Ackerflächen bilden die Ausnahme. Auf den vorherrschenden Sandböden überwiegen Kiefernwälder. An einigen Stellen haben sich die ursprünglichen Eichen und Buchen in vereinzelten Waldstücken erhalten. In den Niederungen gibt es auf moorigen Standorten – besonders im Spreewald – auch Erlenbruchwald und Erlen-Eschen-Wald.

Von den Flüssen ist neben der Spree die erwähnte Dahme von Bedeutung. Sie durchquert den Raum des Geschehens über Märkisch Buchholz von Süd nach Nord und ist mit ihren teilweise versumpften Niederungen sowie auf Grund ihrer Breite, der stellenweise nicht geringen Tiefe und der wenigen Brücken ein ebenso ernstes Hindernis wie die Spree.

Naturgemäß steht das Klima unter mitteleuropäischem Einfluss. Aus der Zeit der Kampfhandlungen im Jahre 1945 sind die Angaben der Wetterstation Lindenberg im Kreis Beeskow überliefert. Danach betrug die Temperatur vom 26. April bis zum 1. Mai 1945 im Tagesmittel 8,2 Grad Celsius. Die höchste Temperatur wurde am 27. April mit 19,5 Grad, die tiefste am 1. Mai mit 0,2 Grad gemessen. Der Bewölkungsgrad lag bei 70 Prozent. Niederschlag gab es am 28. und 29. April sowie am 1. Mai; die Tagessumme der Niederschlagshöhe betrug am 28. April 13,4 Millimeter. Vorherrschende Windrichtung war West-Südwest; die Windstärke betrug im Tagesmittel 3,3 Meter/Sekunde. Mithin ein schönes Frühjahr, das die Kämpfe nicht negativ beeinflusste.

In dem Gebiet gibt es keine Großstädte, dafür zahlreiche mittlere und kleinere Ortschaften, von denen Namen wie Mär-

Der Lauf der Dahme unweit von Märkisch Buchholz

kisch Buchholz, Teupitz und Halbe in die Geschichte des schrecklichen Geschehens im Jahre 1945 eingegangen sind. Die besonders umkämpfte Ortschaft Halbe liegt in der Dubrow, einst ein großes kaiserliches Jagdgebiet. Halbe zählte Ende des Krieges 1 200 Einwohner und war seinerzeit durch seine Ziegeleien und als eines der nördlichsten Weinanbaugebiete bekannt.

Das Straßennetz prägten die Zu- und Abfahrten zu der nahegelegenen Hauptstadt Berlin. Für die kämpfenden Seiten waren insbesondere von Bedeutung die von Ost nach West verlaufenden Fernverkehrsstraßen von Beeskow über Mittenwalde nach Beelitz (B 246) sowie von Lieberose über Lübben und Jüterbog nach Treuenbrietzen (B 115). Von Nord nach Süd waren die Autobahn und die westlich davon verlaufenden

Fernverkehrsverbindungen, die heutige B 96, B 101 und B 2, bedeutsam. Hinzu kam eine große Zahl von Fahr-, Feld- und besonders Waldwegen, die Bewegungen in nahezu alle Richtungen und zu jeder Tageszeit ermöglichten.

Die Eisenbahn spielte in diesen Tagen des Krieges keine Rolle mehr. Von den Flugplätzen ist nur der Landeplatz bei Münchehofe bekannt, dessen Nutzung mit beladenen Transportmaschinen fast ausgeschlossen war. Ein behelfsmäßiger Lande- und Abwurfplatz war bei Kehrigk eingerichtet worden.

Trotz des guten Wegenetzes war das Gebiet im Süden und Südosten von Berlin für den Einsatz größerer Truppenmassen ungeeignet. Die Gewässer, versumpften Gebiete und Engen behinderten den Einsatz schwerer Technik, moderner motorisierter und gepanzerter Verbände. Dem Verteidiger boten die ausgedehnten Waldungen und verstreuten kleinen Orte gute Deckung und kanalisierten seine Bewegungen, auch die für einen Ausbruch über bestimmte Linien und Richtungen. Für den Rückzug in westliche Richtung blieben der 9. Armee als einzige Alternative der Raum um Halbe und danach der Waldgürtel bei Kummersdorf nördlich Luckenwalde.

II.
Das Heraufziehen des Unwetters

1.
Shukows Operationsplan geht nicht auf

Der Generalstab in Moskau sowie die Stäbe der Fronten hatten in der seit Ende Januar 1945 verflossenen Zeit nicht nur die Kämpfe in Schlesien, Pommern, in Ost- und Westpreußen geführt, sondern intensiv die abschließende Operation des Krieges vorbereitet. Der nach Schtemenko »erzwungene Aufschub der Berliner Operation« Ende Januar garantierte den »unbedingten Sieg, ... gut vorbereitet«, so Schtemenko weiter, »und in jeder Beziehung gesichert, nahm diese Operation einen vernichtenden Charakter an«.[1]

Shukow war seinen eigenen Erinnerungen nach bereits am 7. oder 8. März in Moskau gewesen und hatte dort mit General Antonow »noch einmal die Hauptpunkte des Plans und die Berechnungen für die Berliner strategische Operation« durchgesehen. Da diese wiederholt »im Hauptquartier und Generalstab« durchgesprochen worden waren, ging es diesmal nur um die aus den Operationen in Pommern, Ostpreußen und dem Baltikum sich ergebenden Korrekturen. Doch da die Operationen im Februar und März nicht ganz programmgemäß verliefen, d.h. sie dauerten länger, als es die Zeitplanung vorgegeben hatte, gleichzeitig die Westalliierten am Rhein überraschend schnell vorankamen, schrillten in Moskau die Alarmglocken.

1 Dieses und die folgenden Zitate aus: S.M. Schtemenko, Im Generalstab, Berlin 1975, Bd. 1, S. 336 ff.

Der märkische Wald bot den Flüchtigen Deckung und wurde für viele zur letzten Ruhestätte. Aufn. 1996

Stalin gab Befehl, die Direktive für die Operation herauszugeben. Ende März wurden Konew und Shukow nach Moskau befohlen. Stalin bestätigte die im Generalstab in Moskau vorbereiteten Dokumente, nachdem die Operationspläne der Fronten gemeinsam abgestimmt und in seinem Beisein vorgetragen worden waren. Die Notwendigkeit des baldigen Beginns der Offensive deutlich machend, verlangte Stalin, nicht später als am 16. April anzutreten und die Operation in 12 bis 15 Tagen einschließlich der Einnahme Berlins abzuschließen.

Ein im Generalstab noch nicht entschiedenes Problem blieb auch auf dieser Besprechung offen. Stalin legte die Trennungs-

Frontpost

„Der Starke braucht die Wahrheit nicht zu scheuen."
Ernst Moritz Arndt

März Nr. 3 — Nummer 51 — 12. HG

NACHRICHTEN FÜR DEUTSCHE SOLDATEN. HERAUSGEBER: DIE AMERIKANISCHEN TRUPPEN IN WESTEUROPA

Amerikaner über den Rhein

PARIS. — Amerikanische Truppen haben bei Remagen den Rhein überschritten und auf dem Ostufer einen Brückenkopf gebildet. Das linksrheinische Ufer von Nijmegen bis vor Koblenz, in einer Länge von 320 km, ist in alliierter Hand. Im Raum Andernach wurden 6 deutsche Divisionen eingekesselt.

Bonn erobert — Wesel-Brückenkopf vernichtet

Die amerikanische Erste Armee, die Köln erobert hatte, erreichte in raschem Vorstoß Remagen, überraschte die deutsche Besatzung, die die Rheinbrücke sprengen sollte, und stürmte über den Rhein. Innerhalb weniger Tage wurde der amerikanische Brückenkopf am rechtsrheinischen Ufer zu einer festen Stellung von 15 km Breite und 5 km Tiefe ausgebaut, die das Ufer beherrschenden Höhen wurden erobert, und die Städte Linz, Rheinbreitbach, Bruchhausen und Ohlenburg genommen. Um Honnef wird gekämpft.

Xanten genommen

Am Nordabschnitt der Westfront vernichteten die kanadische Erste und die britische Zweite Armee den deutschen Brückenkopf bei Wesel, der von deutschen Fallschirmjägern verzweifelt verteidigt worden war. Der deutsche Stützpunkt Xanten wurde erobert. Das westliche Ufer des Rheines ist von Nijmegen bis kurz vor Koblenz in alliierter Hand.

Kessel bei Andernach

Truppen der amerikanischen Ersten und Dritten Armee haben sich bei Andernach vereinigt, die Stadt genommen, und 6 deutsche Divisionen, die sich noch auf der linken Seite des Rheines befanden, eingekesselt. Tausende deutscher Soldaten und Offiziere haben hier und an anderen Stellen der Westfront den Kampf eingestellt. Seit Beginn der alliierten Rheinlandoffensive am 23. Februar haben 105 626 Deutsche den Widerstand aufgegeben.

Das industrielle Herz Deutschlands, das Ruhrgebiet, liegt unter schwerem Luft- und Artilleriebombardement. Essen, Duisburg und Düsseldorf werden vom linksrheinischen Ufer beschossen. Britische und amerikanische schwere Bomber haben militärische und industrielle Ziele in Essen, Bremen, Hamburg, Kassel, Münster, Osnabrück, Frankfurt am Main und Dessau angegriffen. Berlin wird seit über drei Wochen allnächtlich von RAF-Schnellbombern bombardiert.

Acht alliierte Armeen

Eine neue amerikanische Armee, die Fünfzehnte, ist an der Westfront eingesetzt worden. Die Alliierten haben jetzt acht Armeen an der Westfront im Einsatz.

Auf der deutschen Seite dagegen haben die Erste Fallschirmjäger-Armee und die deutsche Fünfzehnte Armee so schwere Verluste erlitten, daß sie als Kampfeinheiten zu bestehen aufgehört haben. Die Alliierten haben in der Schlacht ums Rheinland einen vollen Sieg errungen.

Hitler empfiehlt

„Wenn durch die Hilfsmittel der Regierungsgewalt ein Volkstum dem Untergang entgegengeführt wird, dann ist die Rebellion eines jeden Angehörigen eines solchen Volkes nicht nur Recht, sondern Pflicht."

Adolf Hitler, „Mein Kampf", Volksausgabe, S. 104.

Russen erobern Küstrin

MOSKAU. — Marschall Stalin hat in einem Tagesbefehl bekannt gegeben, daß Truppen der Heeresgruppe Zhukov die Festung Küstrin an der Oder erobert haben. Küstrin war der wichtigste Punkt im Verteidigungssystem der Deutschen im östlichen Vorfeld von Berlin und beherrschte den Übergang über die Oder.

Sowjets an der Odermündung bei Stettin

Der rechte Flügel der Heeresgruppe Zhukov hat die Außenbezirke von Stettin erreicht und Deutschlands wichtigster Ostseehafen ist unter Artilleriebeschuß. Die Russen sind in der Vorstadt Altdamm an der Mündung der Oder ins Stettiner Haff eingedrungen. Cammin, Gollnow und Stepenitz wurden erobert.

Russen in den Vororten von Danzig

Truppen der Heeresgruppe Rokossovsky haben Danzig vom Rest des Reiches abgeschnitten und stehen zwischen Danzig und Gdingen knapp vor der Danziger Bucht. Sie sind in den Vororten von Danzig eingedrungen, und die Stadt liegt unter Artilleriebeschuß. Meisterwalde wurde erobert. Zwischen Danzig und Stettin haben die Russen fast ganz Pommern bis zur Ostsee genommen. Die befestigten Stützpunkte Leba, Lauenburg, Stolpmünde, Stolp, Schlawe und Rügenwalde wurden genommen. In Kolberg wird gekämpft. In Ungarn greifen die Deutschen im Raum des Plattensees an in dem Bestreben, zur Donau durchzubrechen. Die Angriffe der Deutschen wurden blutig abgewiesen. An einem einzigen Tag wurden 162 deutsche Panzer abgeschossen.

Die Erfolge der Westalliierten bewogen Stalin zum raschen Beginn der Berliner Operation

linie zwischen den Fronten Shukows und Konews in der Tiefe des Raumes nicht fest. Schtemenkos Ausführungen machen deutlich, worum es in dieser Frage in erster Linie ging. »Bei dieser Gelegenheit hielt es der Chef des Generalstabes für notwendig, den Obersten Befehlshaber noch einmal auf die Trennungslinie zwischen den Fronten aufmerksam zu machen. Er hob hervor, daß diese praktisch den Truppen der 1. Ukrainischen Front die unmittelbare Teilnahme an den Kämpfen um Berlin unmöglich mache, *was sich nachteilig auf die Einhaltung der Termine auswirken könne*. (Kursiv d. Vf.). Im gleichen Sinne äußerte sich auch Marschall Konew.« (Schtemenko, Bd. 1, S. 339). Für den Generalstab war die offene Trennungslinie ab Lübben die Chance, bei Notwendigkeit Konews Front in den Schwerpunkt der Operation werfen zu können. Schtemenkos zweideutiger Kommentar hierzu nach dem Kriege macht dies deutlich: »Der Generalstab begrüßte diese Entscheidung, über acht Wochen lang hatte uns die verflixte Trennungslinie Kopfzerbrechen bereitet. Endlich herrschte Klarheit.« (Schtemenko, S. 339).

Welche Motive Stalin hierbei beherrschten, ist schwerlich nachzuvollziehen. Im Vordergrund stand auf jeden Fall die Sicherstellung des »unbedingten Sieges«. Dem Erreichen dieses Zieles kamen die Rivalitäten zwischen den beiden Marschällen freilich zugute.

Der Grundgedanke der Operation bestand darin, die Kapitulation der Wehrmacht zu erzwingen. Zu diesem Zweck »sahen Idee und Plan der Berliner Operation in der endgültigen Fassung vor, den Gegner ostwärts Berlins aufzuspalten, einzuschließen und zu vernichten. Das zügige Vordringen der Sowjetarmee nach Westen sollte es dem Gegner unmöglich machen, eine neue Front aufzubauen.« Hierzu sollten drei Fronten die deutsche Verteidigung an der Oder und Neiße an sechs Abschnitten durchbrechen, durch die Entwicklung des Angriffs in die Tiefe die deutsche Gruppierung in der Berliner Richtung einkreisen, aufspalten, in Teilen vernichten und zur Elbe vorstoßen. Die vorgesehene Tiefe der Frontoperation betrug 130 bis 165 Kilometer, das Angriffstempo 8 bis 14 Kilometer am Tage.

Mit der Einkreisung und Zerschlagung der deutschen Truppen und der Einnahme Berlins waren die 1. Belorussische und 1. Ukrainische Front sowie im Norden die 2. Belorussische Front beauftragt worden.

Die 1. Belorussische Front hatte die entscheidende Aufgabe: Mit drei gleichzeitig geführten Schlägen sollte sie die deutsche Verteidigung an der Oder auf einem 90 Kilometer breiten Abschnitt zwischen dem Oder-Havel-Kanal (ehemals Hohenzollernkanal) und dem Oder-Spree-Kanal durchbrechen, die Hauptkräfte der 9. Armee im Vorfeld Berlins zerschlagen, Berlin aus der Bewegung heraus einnehmen und bei der Entwicklung des Angriffs nach Westen die Elbe spätestens am 12. bis 15. Operationstag erreichen.

Der Hauptschlag war mit fünf allgemeinen und zwei Panzerarmeen aus dem Küstriner Brückenkopf heraus auf Berlin zu führen. Aufgabe der beiden Panzerarmeen war die Entwicklung des Angriffs und die Umgehung Berlins von Nordost und Nord. Zur Sicherung des Hauptschlages nach Norden und Süden sollten zwei Nebenschläge von je zwei allgemeinen Armeen geführt werden. Der eine von den Brückenköpfen nördlich und südlich Frankfurt in die allgemeine Richtung Fürstenwalde – Potsdam – Brandenburg zur Umgehung Berlins von Süden. Zugleich hatten diese Kräfte die Aufgabe, Teilkräfte der 9. Armee von der Gruppierung in Berlin zu isolieren. Der zweite Nebenschlag ging nördlich von Küstrin aus und führte entlang des Hohenzollernkanals.

Die 1. Ukrainische Front bekam die Aufgabe, mit dem rechten Flügel der Front über die Neiße zu gehen, die deutsche Verteidigung auf einem 70 Kilometer breiten Abschnitt von Forst bis Penzig zu durchbrechen, die deutschen Truppen im Raum Cottbus und südlich von Berlin zu zerschlagen und spätestens am 10. bis 12. Operationstag den Abschnitt Beelitz – Wittenberg, dann weiter elbaufwärts Dresden zu erreichen. Ein zunächst zweitrangig erscheinender Auftrag.

Die 1. Ukrainische Front hatte zwei Schläge zu führen: Einen Hauptschlag mit fünf allgemeinen und zwei Panzerarmeen aus dem Raum Triebel zur Umgehung Berlins von Süden und Südosten in der allgemeinen Richtung Spremberg – Belzig mit dem Ziel, im Zusammenwirken mit der 1. Belorussischen Front die Hauptkräfte der 9. Armee und Teile des linken Flügels der deutschen 4. Panzerarmee einzukreisen und zu vernichten. Den Nebenschlag sollten zwei allgemeine Armeen aus dem Raum Penzig in die allgemeine Richtung Bautzen – Dresden führen.

Stalins verhaltene Ansicht betreffs der Trennungslinie zwischen den beiden Fronten nutzte Konew aus und plante von vornherein, nach dem Durchbruch durch die deutsche Verteidigung an der Neiße mit den beiden Panzerarmeen der Front nach Norden auf Berlin einzudrehen. Teile der Panzerarmeen sollten in diesem Falle in Richtung Potsdam angreifen und gemeinsam mit der 1. Belorussischen Front die Hauptkräfte der deutschen 9. Armee und den linken Flügel der 4. Panzerarmee einkreisen und vernichten.

Zusammengefaßt lag dem Operationsplan die Idee zu Grunde, durch zügigen Übergang vom taktischen zum operativen Durchbruch der deutschen Seite die Möglichkeit zu nehmen, die Kräfte umzugruppieren, sie zu zwingen, die wenigen operativen Reserven zersplittert in das Gefecht einzuführen. Durch den schnellen Vorstoß in die operative Tiefe wollte die sowjetische Führung verhindern, dass die Wehrmacht an anderen Abschnitten eine neue Front errichten konnte.

Die zwischen der Oder und Berlin verteidigenden deutschen Verbände sollten durch starke bewegliche Kräfte der 1. Belorussischen und der 1. Ukrainischen Front durch beiderseitige Umfassung eingekreist werden. Mit der Aufspaltung und Isolierung der deutschen Verbände sollte zugleich die Einnahme Berlins erleichtert werden.

Die nördlich Berlin und in Richtung Dresden angreifenden Armeen sicherten mit ihren Handlungen zugleich die Flanken der in der Hauptrichtung vorgehenden Verbände.

Für die Berliner Operation, die auf einem Abschnitt von 300 Kilometern Breite von drei Fronten durchgeführt werden sollte, wurden 2 500 000 Mann, 6 250 Panzer und Selbstfahrlafetten, 41 600 Geschütze sowie 7 500 Kampfflugzeuge bereitgestellt.

»Wir durften in dieser Lage kein Risiko eingehen, denn sowohl die politischen als auch die militärischen Folgen eines Mißerfolges in der Schlußetappe des Krieges konnten für uns nicht wiedergutzumachende Auswirkungen haben«, schrieb Schtemenko nach dem Krieg. (Schtemenko, Bd. 1, S. 333). Damit begründete er die außerordentliche Massierung an Kräften und Mitteln für die Berliner Operation, daneben erklären diese Worte so manchen Entschluss im Verlaufe der Offensive.

Um das Risiko weiter zu minimieren, bildete die sowjetische Führung im Schwerpunkt des Angriffs bei der 1. Belorussischen Front eine Konzentration an Truppen und Material, wie sie in der Militärgeschichte wohl einmalig sein dürfte. Neun allgemeine, zwei Panzer- und zwei Luftarmeen sowie vier selbständige Korps – das waren rund 50 Prozent der für die Operation bereitgestellten Kräfte – hatte Shukow zur Verfügung. Der Angriffsstreifen seiner Front reichte von ausschließlich Schwedt bis Groß Gastrose, das war eine Breite von 175 Kilometern.

In Erfüllung des von der STAVKA an seine Front erteilten Auftrages hatte der Entschluss Shukows folgenden Inhalt:

Fünf allgemeine Armeen und die zwei Panzerarmeen führten den Hauptschlag aus dem Küstriner Brückenkopf heraus. Bereits am ersten Operationstag war beabsichtigt, die Hauptkräfte der 9. Armee aufzusplittern, zu zerschlagen und die ersten beiden Verteidigungsstreifen zu durchbrechen. Im weiteren sollte die Operation in die Tiefe getragen und am sechsten Operationstag Berlin genommen werden.

Nach Zerschlagung der Verteidigung im Bereich der Seelower Höhen sollte die aus den beiden Panzerarmeen bestehende bewegliche Gruppe bereits am ersten Operationstag in der Hauptrichtung in die Schlacht eingeführt werden. Die Panzerarmeen hatten den Angriff zügig auf Berlin zu entwickeln und den Nordwest- und Südrand der Stadt einzunehmen.

Die 61. Armee und die 1. Polnische Armee hatten den Auftrag, nach Umgehung Berlins von Norden gemeinsam mit der 47. Armee am 11. Operationstag die Elbe zu erreichen.

Im Süden zielte der Angriff der 69. und 33. Armee in Richtung Potsdam, Brandenburg. Mit Erreichen des südlichen und südwestlichen Stadtrandes war die deutsche 9. Armee von Berlin fernzuhalten.

Die 3. Armee allein bildete die zweite Staffel der Front und war ebenfalls in Richtung des Schwerpunkts der Offensive konzentriert. Als Frontreserve verblieb das 7. Gardekavalleriekorps.

Um die Überraschung zu sichern, plante Shukow, zwei Stunden vor Sonnenaufgang anzugreifen. Zur Gefechtsfeldbeleuchtung und Blendung des Gegners standen bei Beginn des Sturmangriffs 143 Scheinwerfer bereit.

Von den anderen an der Berliner Operation beteiligten Fronten war die 1. Ukrainische Front von großer Bedeutung. Sie war nicht zuletzt entscheidend an der Kesselschlacht bei Halbe beteiligt. Marschall Konew beabsichtigte, den Hauptschlag seiner Offensive aus dem Raum Forst – Muskau in Richtung Spremberg zu führen (Kräftezusammenstellung siehe S. 152). Hier setzte er vier seiner allgemeinen Armeen und die zwei Panzerarmeen ein. Seine Absicht, nach dem Vorstoß durch die nördliche Lausitz am 10. bis 12. Operationstag zur Elbe vorzudringen, ließ von vornherein die Option für den Vorstoß in Richtung Berlin offen. Beide Panzerarmeen wurden darauf vorbereitet, nach dem Spreeübergang sofort nach Norden auf Berlin und Potsdam einzudrehen.

An seiner Südflanke hatte die relativ schwache 2. Polnische Armee, unterstützt von Teilen der 52. Armee, einen Nebenangriff in Richtung Bautzen – Dresden zu führen.

Der Beginn der Berliner Operation, d. h. der Offensive aus dem Küstriner Brückenkopf, ist in Literatur und Film ausführlich und eindringlich dargestellt worden. Um 03.00 Uhr MEZ

SSD-Fernschreiben. 13.4.45. 68

An
Gen.Kdo. VIII. Fl.Korps Hermannstädtel) ohne A.S.
Lg.Kdo. VIII Prag-Rusin)
Kdr.d.Lfl.Truppen Senator 11) 315
Lfl.Kdo.6 / II (zugl.für alle dort. Abteilungen) Senator 11

Folgender Tagesbefehl ist am 2o.4. in würdiger Form der Truppe bekanntzugeben:

Kameraden der Luftflotte 6!

Unser Führer und Oberster Befehlshaber begeht am 2o. April seinen 56. Geburtstag.

Vom Feind bedroht, ringt das deutsche Volk mit aller Kraft um die Erhaltung seiner Art und Rasse.

Deutsches Blut tränkt deutsche Erde; reinen Herzens vergossen; für Deutschlands Größe gläubig dargebracht.

Unerschütterlich im Vertrauen auf den Mut, die Weisheit und den Siegeswillen unseres Führers, umklammern wir die Waffen fester, packen unsere Hände härter zu. Mehr denn je!

Standhaft und treu!

Es lebe der Führer!

von Greim
Generaloberst u. O.B. der Lfl. 6

F.d.R.

Schriftlich an:
Ia
Ic
O.Qu.
Höh.Nafü (zugl.für Ln.-Truppe)
Kdt.d.St.Qu.
KTB
O.B. (E)

Die Niederlage vor Augen, dennoch eine Ergebenheitsadresse an Hitler

Ostwärts der Oder/Neiße war bis Ende März das Reichsgebiet verloren

(Sommerzeit), so die sachliche Feststellung, begann die befohlene Artillerievorbereitung in den Durchbruchsabschnitten mit dem Feuer von 9 000 Geschützen und Granatwerfern mittlerer und schwerer Kaliber. Das waren auf einen Frontkilometer mehr als 300 Rohre, deren Salven fünf Divisionen der deutschen 9. Armee zur gleichen Zeit erfaßten, aber zum größten Teil die vorderste, geräumte Stellung trafen.

Über 100 Nachtbomber griffen Stäbe, Nachrichtenknoten und erkannte Feuerstellungen der Divisionen in der Tiefe an.

Um 03.20 Uhr flammten als Signal für die Infanterie und zur Beleuchtung des Gefechtsfeldes 143 Flakscheinwerfer auf. Unterstützt von einer doppelten Feuerwalze, rückten an jedem Kilometer Durchbruchsabschnitt – insgesamt waren es 24,3 Kilometer – eine Schützendivision, verstärkt mit 20 bis 40 Panzern bzw. Selbstfahrlafetten, vor.

Im Norden des Abschnitts der 9. Armee wurde das von General Berlin geführte CI. Armeekorps von der 47. Armee des General Perchorowitsch angegriffen, gegen das LVI. Panzerkorps traten die 3. Stoßarmee unter Generaloberst Kusnezow, die 5. Stoßarmee unter General Bersarin und die 8. Gardearmee von Generaloberst Tschuikow an. Letztere erfasste zugleich den Abschnitt des XI. SS-Panzerkorps, das darüber hinaus die 69. Armee unter Generaloberst Kolpaktschi abwehren mußte. Die Festung Frankfurt unter Oberst (später Generalmajor) Biehler sowie das südlich Frankfurt stehende V. SS-Gebirgskorps hatten sich gegen die Angriffe der unter Generaloberst Zwetajew stehenden 33. Armee zu verteidigen.

Infolge der rechtzeitig eingenommenen Großkampfstellung und der entsprechend tief gegliederten Artillerie blieben die von sowjetischer Seite erwarteten durchschlagenden Ergebnisse in den ersten Stunden des Angriffs aus. Die Artillerievorbereitung hatte weitgehend ins Leere getroffen, die Scheinwerfer hatten die eigene Infanterie und nicht die der Verteidiger verwirrt.

Beim CI. Armeekorps gelang der 47. Armee und der 3. Stoßarmee der Einbruch in die Stellungen auf der rechten Flanke bei der 309. und 606. Infanteriedivision. Hier durchbrach die bewegliche Gruppe, bestehend aus dem 9. Panzerkorps mit einer Verstärkung von 197 Panzern und Selbstfahrlafetten, die deutschen Stellungen und drang bis zur Alte-Oder-Stellung bei Wriezen vor. Das als Stützpunkt ausgebaute Wriezen konnte durch den Einsatz der SS-Panzerjägerabteilung 560 und der Flakregimenter 13, 53 und 182 gehalten werden.

Schwieriger entwickelte sich die Lage im Abschnitt des LVI. Panzerkorps. Die 9. Fallschirmjägerdivision widerstand dem weit überlegenen Angreifer nicht, ging bis zu neun Kilometer zurück und blieb erst im zweiten Verteidigungsstreifen stehen.

Von entscheidender Bedeutung war, daß die Seelower Höhen von der 8. Gardearmee nicht aus der Bewegung heraus genommen werden konnten. Die Divisionen des 4., 28. und

29. Gardeschützenkorps, die vor Seelow angriffen, blieben nach anfänglichem Bodengewinn vor dem Hauptgraben unter großen Verlusten liegen. Die hier eingesetzte Panzerdivision »Müncheberg«, Teile der 20. Panzergrenadierdivision, brachten mit ihrem Widerstand im Zusammenwirken mit der Artillerie und Flak den Plan des Gegners durcheinander. Der Hauptgraben erwies sich für die gepanzerten Fahrzeuge des Angreifers als unüberwindbar, alle Bewegungen waren auf die wenigen festen Straßen angewiesen und wurden in Richtung der vorhandenen Brücken kanalisiert. Hierauf, auf Wegegabelungen, Wegespinnen und Kreuzungen richtete sich das deutsche Abwehrfeuer. »An diesem Streifen kam es zu erheblichen Verzögerungen, da die Truppen warten mußten, bis die Pioniere Brücken und Stege geschlagen hatten. Irgendwelche Manöver mit Kraftfahrzeugen und Panzern waren ausgeschlossen: Die Straßen waren verstopft, und Fahrten durch das versumpfte Gelände und die verminten Felder verboten sich von selbst.«[2]

Um die Mittagszeit hatte sich der sowjetische Angriff festgerannt. Tschuikow beschloss daher, nach einer Umgruppierung seiner Verbände, vor allem dem Vorziehen der Artillerie und einer erneuten Feuervorbereitung, um 14.00 Uhr den Angriff zu wiederholen, um das Tagesziel, die Seelower Höhen, doch noch zu erreichen.

Etwa zu diesem Zeitpunkt musste der Oberbefehlshaber der Front, Shukow, dem aus Moskau anrufenden Stalin gegenüber eingestehen, dass im Schwerpunkt der Offensive die Operation nicht planmäßig ablief. Zugleich erfahrend, dass bei seinem linken Nachbarn, der 1. Ukrainischen Front, die Rechnung aufging, entschloss sich Shukow – nach seiner Version – »nach Beratung mit den Armeeoberbefehlshabern«, die beiden Panzerarmeen einzusetzen. Von dieser Beratung war der durch diese Maßnahme überraschte Tschuikow offenbar ausgeschlossen gewesen, denn die sich überschneidenden Befehle

2 W. I. Tschuikow, Gardisten auf dem Weg nach Berlin, Berlin 1976, S. 418 f.

Oberbefehlshaber der 1. Belorussischen Front, Marschall der UdSSR Georgi K. Shukow

hatten für die kämpfende Truppe unerwartete Folgen.

Der Auftrag, mit gepanzerten Verbänden eine vorbereitete Verteidigung zu durchbrechen, bei Seelow kamen nahezu 1 400 Panzer und Selbstfahrlafetten zusätzlich ins Gefecht, widersprach den Erfahrungen des Krieges. Er erging 14.30 Uhr Ortszeit, so dass die zum Teil noch auf dem Ostufer befindlichen Verbände, deren Übersetzen Zeit erforderte, nicht geschlossen angreifen konnten. Bei der 2. Gardepanzerarmee waren es das 9. und 12. Korps, von der 1. Gardepanzerarmee Vorhuten ihrer drei Korps, die als erste das Gefecht aufnahmen.

General Tschuikow macht in seinen Erinnerungen die Folgen dieses Schrittes sehr deutlich: » Da sich die Panzerverbände nun durch die Gefechtsordnung der 8. Gardearmee nach vorn zu schieben suchten, wurde es auf den Straßen noch enger; es gab keinerlei Ausweichmöglichkeiten. Die Panzer der 1. Gardepanzerarmee rammten buchstäblich die Zugmaschinen unserer Artillerie, die gerade neue Stellungen bezog, und blockierten dadurch das Manöver der zweiten Staffel unserer Divisionen und Korps. In diesem Zusammenhang muß gesagt werden, daß die 8. Gardearmee erheblich eigene Panzerkräfte besaß.«[3] Die vorrückenden Menschenmassen mit

3 W.I. Tschuikow, S. 419.

ihrer Technik behinderten sich nicht nur gegenseitig, sondern es fehlte auch am Zusammenwirken der kämpfenden Verbände mit den aufmarschierenden. Dadurch kam kein einheitliches Vorgehen am ersten Angriffstag zu Stande.

Weniger dramatisch, aber zunächst ebenso erfolgreich, verliefen die Abwehrkämpfe an der rechten Flanke der 9. Armee. Ein tiefer Einbruch im Abschnitt der 303. Infanteriedivision entlang der Straße Dolgelin – Sachsendorf wurde von Teilen der Panzergrenadierdivision »Kurmark« abgeriegelt. Die schwere SS-Panzerabteilung 502 ging mit Truppen von »Kurmark« zum Gegenangriff über und konnte die Krise bereinigen, indem sie die Stellung entlang der Bahnlinie Frankfurt – Seelow wiederherstellte. Einbrüche bei der 169. und 712. Infanteriedivision konnten ebenfalls bereinigt werden.

Vor Frankfurt blieb die Front relativ ruhig, während südlich der Stadt das V. SS-Gebirgskorps mit seinen schwachen und unbeweglichen Kräften versuchte, die auf die Autobahn Frankfurt – Berlin zielenden Angriffe der zur 33. Armee gehörenden 95. und 339. Schützendivision abzuwehren. Hier entstand im Abschnitt der 286. Infanteriedivision eine Krise, weil sowjetische Angriffsspitzen die Eisenbahn nach Frankfurt überschritten und mittags an die Reichsstraße 87 gelangten. Die Gefahr einer Einschließung Frankfurts war am Abend des ersten Schlachttages nicht gebannt, doch die relativ schwachen Kräfte beider Seiten an diesem Abschnitt der Front ließen keine schnellen, durchschlagenden Erfolge zu.

Am Ende des ersten Kampftages war das Fazit für die sowjetische Seite in keiner Weise zufriedenstellend. Trotz hoher Verluste waren die gesteckten Ziele in keinem Abschnitt der Angriffsfront erreicht worden. Am Abend mußte Shukow Stalin melden, dass die Höhen um Seelow erst am Ende des nächsten Tages genommen werden würden. Er fügte erklärend hinzu, die an der Oder zerschlagenen Truppen könnten nicht in Berlin kämpfen.

Stalin, davon offensichtlich nicht überzeugt, teilte Shukow den Erfolg der 1. Ukrainischen Front mit und den Befehl für

Allies Encircle Stuttgart; Nuremburg Cleared

PARIS EDITION

THE STARS AND STRIPES

Daily Newspaper of U.S. Armed Forces in the European Theater of Operations

Saturday, April 21, 1945

Reds in Berlin's Suburbs

Berlin Worth $1,000 To Some Lucky GI

Nazis Admit Russian Gains; Report U.S.-Soviet Linkup

Yanks Unleash Vast Drive at Okinawa Japs

Linkup Reported

Meldung der »Stars and Stripes«
über den Erfolg der Roten Armee vor Berlin

sie, auf Berlin einzudrehen. Weiter bekam Shukow zu erfahren, dass auch die 2. Belorussische Front den Auftrag bekommen hatte, ihren Aufmarsch an der Oder zu beschleunigen und Berlin im Norden zu umfassen. Eine entsprechende Direktive erging am 17. April, wovon der für die Front Rokossowskis gültige Teil wieder aufgehoben wurde. Die Ereignisse im Norden blieben ohne unmittelbare Folgen für das Geschehen um Halbe.

Der Abwehrerfolg der 9. Armee täuschte weder den Oberbefehlshaber der Heeresgruppe noch General Busse darüber hinweg, unter welchen eigenen Verlusten er errungen worden war.

Schlachtentscheidend war, dass alle Reserven, auch die für einen Gegenschlag auf der Höhenstufe zurückgehaltenen schnellen Verbände, bereits jetzt im Gefecht standen. Noch am 16. April, kurz nach 19.00 Uhr, mussten die 18. Panzergrenadierdivision in den Raum Buckow – Müncheberg und die 25. Panzergrenadierdivision nordöstlich Wriezen befohlen werden.

Der Kräfteverfall auf deutscher Seite begann am zweiten Schlachttag spürbare Folgen zu zeigen. Naturgemäß konzentrierte sich der Angreifer auf die Abschnitte, wo er am Vortag Teilerfolge erzielt hatte und sich Raum für den Einsatz seiner Panzer abzuzeichnen begann.

Beim LVI. Panzerkorps und XI. SS-Panzerkorps ging die Schlacht ihrem Höhepunkt entgegen. Trotz des Einsatzes der herangeführten knappen Reserven gelang dem Angreifer beiderseits Seelow der Einbruch auf die Höhen. Vor allem begann die 9. Fallschirmjägerdivision dem Druck des mehrfach überlegenen Gegners nachzugeben. Das 4. Gardeschützenkorps sowie das 11. Panzerkorps drangen in Gusow ein, stießen nach Nordwesten entlang der Alten Oder vor und nahmen Platkow. Eine Gruppe schwenkte gegen 15.00 Uhr nach Südwesten ein und bedrohte das immer noch gehaltene Seelow. Von Platkow stießen die Angriffstruppen am Nachmittag in Richtung Neuhardenberg und Wulkow vor. Damit geriet die Höhenrandstellung nördlich Seelow ins Wanken.

Die Besatzung des Ortsstützpunktes Seelow, von einem mehrfach überlegenen Gegner angegriffen und von Norden umgangen, begann zu weichen.

An der Naht zwischen dem LVI. Panzerkorps und dem XI. SS-Panzerkorps gelang es den Sowjets im Laufe des 17. April, die Stellungen »in breiter Front zu durchbrechen«. Die Linien der 303. und 169. Infanteriedivision gerieten in Gefahr, während die 712. sich noch behaupten konnte. Hier an den Nähten war, wie so häufig in ähnlichen Situationen, eine besondere Gefahrenquelle. General Weidling schrieb später hierüber: »Am 17. April übten die russischen Truppen weiterhin einen starken Druck auf die gesamte Front des LVI. Panzerkorps aus, wobei sie bestrebt waren, den Durchbruch zwischen dem XI. SS-Panzerkorps einerseits und dem LVI. Panzerkorps sowie dem CI. Armeekorps anderseits zu verbreitern.«

Am Ende des zweiten Schlachttages hatte der Angreifer immer noch nicht die ursprünglich für den ersten Operationstag gestellten Aufgaben erfüllt. Die Zeit wurde für Stalin jetzt immer kostbarer, schließlich hatten die Westalliierten inzwischen die Elbe erreicht. Der Druck auf die Generale an der Oderfront wurde stärker, da die strategisch-politischen Auswirkungen der operativen Probleme bei den Kämpfen vor Berlin immer weniger kalkulierbar wurden.

Am folgenden Tag, dem 18. April, erreichte die Schlacht jedoch den Kulminationspunkt. Während im Abschnitt der 3. Panzerarmee die von Marschall Rokossowski geführte 2. Belorussische Front zur Offensive überging, konnte Shukow am Ende des Tages endlich die Aufgabe als erfüllt melden, die er entsprechend der Direktive bereits am ersten Angriffstag hätte erreichen sollen.

Die schwersten und entscheidenden Kämpfe entbrannten entlang der Reichsstraße 1 zwischen Seelow und Müncheberg. Am Abend meldete die Heeresgruppe: »In den Brennpunkten der Schlacht beiderseits Seelow bis südlich Neuhardenberg und südlich Wriezen hat die Entwicklung zur Krise geführt ... gelang es dem Feind, aus dem Raum beiderseits Seelow tiefe Einbrüche nach Südwesten bis Marxdorf, nordostwärts Müncheberg bis Münchehofe zu erzwingen.«[4]

Konkret hieß das, dass die Höhenrandstufe bis auf geringe Ausnahmen verloren gegangen war. Die in Bewegung gesetzten Reserven waren zu schwach und trafen auf Grund der sich rasch ändernden Lage zu spät an den richtigen Orten ein. Flankenangriffe wie bei Diedersdorf, an denen die hier dislozierten Panzerjagdbrigaden beteiligt waren, bereiteten dem An-

4 Bundesarchiv – Militärarchiv Freiburg (weiterhin BA-MA), RH 19 XV/9b, Tagesmeldung v. 18.4.45, Bl. 171 ff.

greifer nochmals Schwierigkeiten und große Verluste, ohne das Blatt jedoch wenden zu können. Die Front der 9. Armee drohte zwischen Müncheberg und Wriezen zusammenzubrechen.

In der Nacht zum 19. April hatte die Wehrmacht ihren Frankfurter Brückenkopf geräumt. In den Morgenstunden begann der sowjetische Angriff mit voller Kraft. »In der großen Abwehrschlacht der 9. Armee hat die seit dem gestrigen Tage sich anbahnende krisenhafte Entwicklung in den beiden Schwerpunkträumen Müncheberg und Wriezen eine weitere Verschärfung erfahren. Die Schlacht steht vor der Entscheidung«, meldete die Heeresgruppe an diesem Tage an das OKH.

Für Shukow war die Lage insofern problematisch, da er – entgegen seinen Meldungen an Stalin – noch immer um den operativen Durchbruch kämpfte, während Konews Panzer südlich von Berlin nicht mehr aufzuhalten waren.

Die Truppen an der rechten Flanke der 9. Armee konnten ihre Stellung um Frankfurt halten, doch riss im Zentrum der Front die Verbindung zwischen dem XI. SS-Panzerkorps und dem LVI. Armeekorps. Letzteres konnte dem Druck nicht mehr standhalten und musste sich zurückziehen. Am Morgen ging Wriezen verloren. Die Sicherungslinie Prötzel – Ostrand Grunow – Ostrand Bollersdorf – Nordrand Schermützelsee – Alte Mühle – Münchehofe wurde durchbrochen. General Weidlings Vorstellung, durch Gegenangriffe von »Nordland« und der 18. Panzergrenadierdivision die entstandene Lücke zu schließen, konnte nicht realisiert werden. Die zerschlagenen und abgekämpften Verbände gingen auf das Waldgebiet nördlich Strausberg – Bad Freienwalde zurück. Bei Sternebeck/Prötzel und bei Müncheberg waren nicht mehr aufhaltbare Panzerdurchbrüche erfolgt. Der hart umkämpfte und stark bombardierte Stützpunkt Müncheberg ging am Abend des 19. April verloren.

Am Abend des 20. April war die 2. Gardepanzerarmee mit der 3. Stoßarmee in den Raum Bernau durchgebrochen. Die

Armeen der 1. Belorussischen Front hatten damit den dritten Verteidigungsstreifen überwunden. Am folgenden Tag erreichten sie den Autobahnring bei Bernau, Fredersdorf, Rüdersdorf, Erkner und Königs Wusterhausen. Kanonenbrigaden der 3. Stoßarmee und der 47. Armee hatten bereits am Vortag das Feuer auf Berlin eröffnet.

Damit war im Zentrum der 9. Armee der dritte Verteidigungsstreifen durchbrochen worden. Die Armee war in drei Teile gespalten: im Süden eine Gruppe bestehend aus dem V. SS-Gebirgskorps, der Festung Frankfurt und dem XI. SS-Panzerkorps, im Zentrum das LVI. Panzerkorps und im Norden das CI. Armeekorps. Verstärkungen aus Berlin, fünf Volkssturmbataillone, drei Bataillone der 15. Waffen-Grenadier-Division der SS (lettische Nr.1), wurden in die Räume Strausberg und Fürstenwalde verlegt, ohne an der bedrohlichen Entwicklung etwas ändern zu können.

Die Schlacht war entschieden, die Oderlinie verloren. Die Vorausangriffe einbezogen hat die 9. Armee sechs Tage einem überlegenen Angreifer widerstanden. Jetzt war die Front im Schwerpunkt des Angriffs um 30 Kilometer zurückgedrängt und in einer Breite von 70 Kilometern, zwischen der Alten Oder und Wüste Kunersdorf, aufgerissen.

Mit ihrem Widerstand hatte die 9. Armee den Angriffsplan Shukows durcheinander gebracht. Seine Verbände standen am Endes des 19. April, des vierten Operationstages, dort, wo sie nach den ursprünglichen Vorstellungen am zweiten Tag, dem 17. April, hätten stehen sollen. Aus dem vorgesehenen schnellen Durchbruch durch die Verteidigung und dem Vorstoß der Panzerarmeen in die Tiefe des verbliebenen deutschen Hinterlandes bei gleichzeitiger Einnahme Berlins war ein mühsames, verlustreiches Durchnagen der deutschen Verteidigung geworden.

Der größte Teil der Heeresgruppe Weichsel konnte sich, wenn auch geschlagen, bis zum 19. April Einkreisungen entziehen. Die operativen Panzerkräfte wurden in ungewöhnlicher Weise zur Zerschlagung der deutschen Verteidigungs-

General der Infanterie Theodor Busse befehligte vom 21.01.1945 bis zu ihrem Untergang die 9. Armee

Rechte Seite unten: Sowjetische Truppen in den Wäldern der Mark

streifen eingesetzt und konnten sich erst am 19. April von der Infanterie lösen. Die Verluste der Roten Armee waren hoch. Bis zum 19. April betrugen sie nach sowjetischen Angaben 30 000 Mann, 700 Panzer und Selbstfahrlafetten und 100 Flugzeuge.

In der Zwischenzeit hatte sich die Lage am Nordflügel der Heeresgruppe Mitte ebenfalls verschlechtert. In ihrer Feindbeurteilung stellte sie nach den ersten Kämpfen fest: »Bei der 4. Panzerarmee hat der Feind nach den bisherigen Aufklärungsergebnissen ... zwischen Muskau und Forst einen starken operativen Schwerpunkt gebildet, wobei es ihm gelang, bis zur Spree durchzubrechen, um anscheinend nach NW eindrehend, zunächst Cottbus zu erreichen ... Die Kämpfe im Abschnitt Penzig – Rothenburg sind dagegen als Nebenoperationen des Feindes zu betrachten«.[5]

5 BA-MA, RL 7/ 544, Feindlagebeurteilung vom 17.4.1945, Bl. 6.

Obwohl seine Reserven an richtiger Stelle standen, gelang es Schörner nicht, den Einbruch abzuriegeln. In völliger Verkennung der tatsächlichen Lage glaubte Hitler noch am 18. April, dass sich der gegnerische Angriff bei der 4. Panzerarmee »festgelaufen« habe.

Am folgenden Tag konnte Konew seine beiden Panzerarmeen einführen. In dem Abschnitt der 5. Gardearmee und 13. Armee wurde der zweite deutsche Verteidigungsstreifen überwunden, die Panzerarmeen stießen beschleunigt zur Spreelinie vor. Gegen Mittag tobten die Gefechte an allen drei Verteidigungsstreifen. In den Abendstunden gelang es Panzern der 3. Gardepanzerarmee, die Spree durch Furten in der Nähe von Bräsinchen zu überqueren. Es entstand die Gefahr der tiefen Umfassung Berlins von Süden, und es drohte die Einschließung des V. Armeekorps im und um den Spreewald. Alle Anstrengungen der Heeresgruppe Mitte richteten sich nun darauf, die Spreelinie wiederherzustellen und zu halten. Ein vergebliches, wenn auch opferreiches Unterfangen.

Noch in der Nacht zum 18. April erteilte der Oberbefehlshaber der 1. Ukrainischen Front den Befehlshabern der Gardepanzerarmeen den Befehl, zur Spree vorzustoßen, sie aus der Bewegung zu überschreiten und den Angriff von Süden her direkt auf Berlin zu entwickeln. Das Vorgehen kennzeichnete Konew mit den Worten: »In der Hauptrichtung ist mit geballten Panzerkräften kühn vorzudringen. Städte und größere Ortschaften sind zu umgehen und langwierige, frontale Gefechte zu vermeiden. Jeder muß sich darüber klar sein, daß der Erfolg der Panzerarmeen vom kühnen Manöver und zügigen Handeln abhängt.«[6]

Am Vormittag des 18. April überschritten die Masse der beiden Panzerarmeen und die 13. Armee die Spree und bildeten beiderseits von Spremberg je einen Brückenkopf. Der dritte deutsche Verteidigungsstreifen war trotz verzweifelter Versuche der Reserven der Heeresgruppe Mitte, ihn zu halten, auf einer Breite von 10 Kilometern durchbrochen.

Der geplante Stoß in die Tiefe wurde fortgesetzt. Am 19. April drangen die Panzer Konews 30 bis 50 Kilometer in nordwestliche Richtung vor. Die 3. Gardepanzerarmee gelangte über Calau, Luckau, Baruth bis Zossen – Wünsdorf. Gegen sie hatte das OKH nur eine Kampfgruppe unter der Bezeichnung »Moltke« entgegenzusetzen, die sich in Luckau zu verteidigen hatte. Sie konnte die heranstürmende Flut sowjetischer Panzer nicht aufhalten.

Zur gleichen Zeit versuchte Schörner, da sich »die Schlacht westlich der Neiße ihrem Höhepunkt nähert«, denn nördlich Görlitz und südostwärts Spremberg waren »je zwei feindliche Korps durchgebrochen, die es zu vernichten gilt«, die Front durch Stöße in die Flanken des durchgebrochenen Gegners zu stabilisieren. Mit diesem Ziel befahl er:

»1) 4. Panzerarmee schließt durch rücksichtslos und schwungvoll fortgeführten Angriff der 20. Pz.-Division und

6 Zitiert nach: Geschichte des Zweiten Weltkrieges 1939–1945, Bd. 10, Berlin 1982, S. 396.

Fallsch. Pz. Gren. Div. ›Hermann Göring‹ die Frontlücke im Raum Wehrkirch und schneidet damit die nach Westen durchgebrochenen Feindteile ab. Das Gewinnen der Mathilde-Stellung durch Pz. Gren. Div. ›Brandenburg‹ von Mückenhain bis Haehnichen ist anschließend anzustreben.

2) Die durchgebrochenen Feindteile sind im Kleinkrieg durch Einsatz von Sturmges. Brig., Pz. Jagd-Kdos. usw. zu vernichten.

3) Die jetzige HKL von Bautzen – Saenitz – Neiße bis Lungknitz – südl. Weißwasser – Schleife – Weskow ist zu halten. Die zwischen Trebendorf und Schleife entstandene Frontlücke ist ohne Rücksicht auf den durchgebrochenen Feind auf Linie Neuhausen – Laubsdorf – Kathlow zu halten. Die Nordostw. davon bis Forst stehenden eigenen Kräfte und die bisherige HKL von nördlich Forst bis Horno – Heinersbrück – Mathilde – Stellung bis Kathlow zurücknehmen.

4) Es kommt jetzt darauf an, alle Teile der alten oder neuen HKL zu halten und die in dieser HKL entstandenen Lücken zu schließen, die durchgebrochenen Feindteile stellen in dem Augenblick keine Gefahr mehr da, wenn sie von ihrer Versorgung abgeschnitten sind.«[7] Ein Auftrag, den seine Truppen zu erfüllen nicht mehr in der Lage waren.

Am nächsten Tag konnte Schörner wenig Erfreuliches nach Berlin melden. Er mußte eingestehen, dass sich die Krisen in den drei Durchbruchsabschnitten der 4. Panzerarmee »heute abend noch ganz erheblich verschärft« haben. In der Stoßrichtung der 3. Gardepanzerarmee wollte die Heeresgruppe Mitte durch Angriffe aus Süd und Nord westlich der Spree die Lücke schließen. Wie wenig Hoffnung für ein Gelingen bestand, zeigt die Feststellung, »daß der Feind vor allem im südlichen und nördlichen Durchbruchsraum schon starke Teile nachgeführt hat ... Insgesamt hat aber die seit Wochen mühselig organisierte Verteidigung des rückwärtigen Gebietes nur an wenigen Stellen das gehalten, was man sich von ihr versprechen

7 BA-MA, RL 7/544, Bl. 123.

müßte. Gegenüber den Ereignissen bei der 4. Panzerarmee treten die Fronten meiner anderen Armeen mit Ausnahme des Raumes Brünn an Bedeutung zurück.«[8]

Das inzwischen nach Norden abgedrängte V. Armeekorps wurde entsprechend der Lage am Ende dieses Tages der 9. Armee unterstellt und hatte ihre tiefe Flanke an den Rändern des Spreewaldes zu sichern.

2.
Der verspätete Rückzug

Am Ende des ersten Abschnittes der Berliner Operation, am 21. April, standen die Panzerkräfte der 1. Ukrainischen Front auf der allgemeinen Linie Zossen – Luckenwalde – Jüterbog, nachgeführte Kräfte schlossen die zurückgelassenen Lücken. Damit war für die 9. Armee und Teile des V. Armeekorps der 4. Panzerarmee (bestehend aus 35. SS-Pol. Gren. Div., 36. SS-Gren. Div., 275. I.D., 342. I.D.) der Heeresgruppe Mitte der Weg nach Westen verlegt.

Der noch in der Nacht zum 20. April von Hitler erteilte Befehl, alle noch verfügbaren Truppen der Berliner Garnison bei der 9. Armee einzusetzen, war immer noch von dem Gedanken getragen gewesen, die Stadt und damit das Restreich zwischen Oder und der Metropole zu verteidigen. Seine Absicht, »eine zusammenhängende Front ostwärts der Reichshauptstadt zu erhalten oder in den feindlichen Einbruchsräumen aufzubauen«, ging an der Realität vorbei. An diesem Tage eröffneten bereits, wie erwähnt, Kanonenbrigaden der 3. Stoßarmee und der 47. Armee das Feuer auf Berlin.

Die 1. Belorussische Front hatte die äußere Sperrzone des Berliner Verteidigungsbereiches durchbrochen und die nordöstlichen Außenbezirke der Stadt erreicht. Die beiden Nebengruppierungen der Front Shukows waren dagegen beträchtlich

8 BA-MA, RH 2/337, Bl. 60 ff., Heeresgruppe Mitte an Hitler am 20.4.1945.

Oberbefehlshaber der 1. Ukrainischen Front, Marschall der UdSSR Iwan S. Konew

zurückgeblieben. An der linken Flanke gelang es den Kräfte der 69. Armee dennoch, bis westlich Fürstenwalde vorzustoßen. Dadurch entstand für die Hauptkräfte der 9. Armee vom Norden her und damit für ihre Verbindung mit Berlin eine ernsthafte Bedrohung. Ein weiteres Festhalten an der Oder und Neiße südlich Frankfurt gefährdete diese Gruppierung und würde ihre Einkreisung und Zerschlagung in den Stellungen bedeutet haben.

Der Oberbefehlshaber der 9. Armee, General der Infanterie Theodor Busse, hatte die für seine Verbände heraufziehende Gefahr erkannt und den Entschluss gefasst, das LVI. Panzerkorps und die Divisionen »Nordland« und »Nederland« auf eine Linie entlang der Spree westlich Fürstenwalde und östlich Erkner zurückzunehmen, um den noch an der Oder stehenden Verbänden den Rückzug auf die Elbe zu ermöglichen. Doch konnte sich General Busse mit seiner Forderung der rechtzeitigen Zurücknahme der Truppe von der Oder gegenüber Hitler und damit dem OKH nicht durchsetzen. Der Weg in den Kessel war vorgezeichnet.

Für die nach Süden abgedrängten Verbände der 9. Armee war die Lage am 21./22. April nahezu aussichtslos. Sie standen seit dem 14. April im Kampf gegen einen mehrfach überlegenen Gegner. Ihre Front erstreckte sich nach Osten und Norden halbkreisförmig von Cottbus über Frankfurt bis zum Berliner Autobahnring über 100 Kilometer. Realistisch, aber bei der höheren Führung ohne Folgen meldete die Heeresgruppe Weichsel am 22. April:

»Bei der 9. Armee trat eine weitere Verschärfung der Lage ein. Mit überlegenen Infanterie- und Panzerkräften griff der Feind an drei Schwerpunktabschnitten an, um die starke überdehnte Armeefront aufzuspalten. Nach 24stündigen schweren, wechselvollen Kämpfen ging Cottbus verloren. Gegen unsere Abriegelungsfront, 2 km nördlich Cottbus, verstärkte der Feind seinen Druck. Hierbei gelang es ihm erneut, Einbrüche zu erzielen.

Südlich Frankfurt konnte der Feind, von Osten angreifend, unsere Front durchbrechen. Biegen und Jakobsdorf gingen verloren. An der Nordfront, gegen Abschnitte der stark geschwächten Division ›Döberitz‹, ›Kurmark‹ und ›Nederland‹ führte der Feind laufende Angriffe und konnte bis zur Autobahn durchstoßen.

Die Kampfführung der 9. Armee wird in steigendem Maße durch das Absinken der Munitions- und Betriebsstoffvorräte erschwert, die nicht ausreichend durch Nachschub ergänzt werden können.«[9]

Die Gefahr einer Einkesselung von mehr als zehn Divisionen oder besser gesagt, ihrer Reste, wurde immer akuter. Der Lage entsprechend, hatte der Oberbefehlshaber der 9. Armee, unterstützt vom Oberbefehlshaber der Heeresgruppe Generaloberst Heinrici, am 21. April den Entschluss gefasst, sich an

9 BA-MA, RH 19 XV/10, Tagesmeldung vom 22.4.1945, Bl. 193.

Der Ring schließt sich um Berlin und die Truppen in den Wäldern um Halbe und Märkisch Buchholz

Berlin vorbei, nach Westen, zur Elbe durchzuschlagen. Obwohl er eine Reihe Maßnahmen hierzu einleitete, fehlte ihm der Mut, diese in die Tat umzusetzen, da sie im Widerspruch zu den Absichten Hitlers standen.

Zur Aufgabe der 9. Armee übermittelte der Chef des Generalstabes, General Krebs, am 21. April an den Oberbefehlshaber der Heeresgruppe Weichsel: »Die 9. Armee errichtet ihre Abriegelungsfront von Königs Wusterhausen bis Cottbus und führt aus ihr mit scharf zusammengefaßten Kräften immer wieder tiefe Angriffe gegen die tiefe Flanke der Süd-Front angreifenden Gegners. Die Armee hält die bisherige Front von Cottbus bis Fürstenberg und biegt ihren N-Flügel in der Linie Fürstenberg – Müllrose – Fürstenwalde zurück, um beschleunigte Kräfte zum Schließen der Frontlücke SO des Großen Müggelsees freizumachen.«[10] Ein Befehl vom gleichen Tage an die Heeresgruppe Weichsel verbot allen Truppenteilen ein Ausweichen nach Westen. »Offiziere, die sich dieser Anordnung nicht bedingungslos fügen, sind festzunehmen und augenblicklich zu erschießen. Sie selbst mache ich mit Ihrem Kopf für die Durchführung dieses Befehls verantwortlich. Von dem Erfolg dieses Auftrages hängt das Schicksal der deutschen Reichshauptstadt ab.«[11]

Erst am Nachmittag des folgenden Tages, es war der 22. April, genehmigte Hitler die Rücknahme der noch an oder in der Nähe von Oder und Neiße kämpfenden Verbände auf die Linie nördlich Cottbus – Peitz – Lieberose – Beeskow – Spree. Die frei werdenden Kräfte sollten »zum frühstmöglichen Zeitpunkt in allgemeiner Richtung auf Baruth in die tiefe Flanke des nach Norden gegen die Reichshauptstadt vorstoßenden Feindes angreifen, um zum Zusammenwirken mit der von Westen mit dem Südflügel auf Jüterbog angreifenden 12. Armee zu kommen.«[12] Mit der überraschenden Genehmigung der Anträge der Heeresgruppe und des AOK 9 zur Zurücknahme der

10 BA-MA, RH 19 XV/10, Vermerk 21.4. 45, 14.55 Uhr, Bl. 60.
11 Ebenda, Bl. 71 f.
12 Ebenda, Bl. 183.

General der Panzertruppen Walther Wenck führte die 12. Armee, von der die Reste der 9. Armee bei Beelitz aufgenommen wurden

Front wurde Busse der Entscheidung für die nächsten Maßnahmen seines Stabes – und damit auch der Verantwortung – enthoben. Die vom AOK 9 bereits eingeleiteten Maßnahmen wurden damit bestätigt.

Ursache hierfür war Hitlers und der militärischen Führung in Berlin irreale Hoffnung, die Einkreisung Berlins abwehren zu können. Auf der Nachmittagslage, auf der die Entscheidung gefallen war, hatte der Chef des Wehrmachtführungsstabes vorgetragen, »daß zweitens die 9. Armee nun doch die Oderfront aufgeben und zum Angriff im Rücken der sowjetischen Angriffstruppen vor der Reichshauptstadt antreten sollte.« Der Vorschlag erschien Hitler wie ein Lichtblick und er stimmte ihm zu.

Mit diesem Ziel erhielt auch die an der Elbe stehende, im Aufbau begriffene 12. Armee unter General Wenck, von Generalfeldmarschall Keitel (bezeichnend für die Führungssituation) auf dessen Gefechtsstand in der Oberförsterei »Alte Hölle« (25 Kilometer nordostwärts Zerbst) kurz nach Mitternacht persönlich übermittelt, den Auftrag, »unverzüglich aus dem Raum Belzig – Treuenbrietzen in Richtung Nordosten anzugreifen, sich mit der 9. Armee zu vereinigen und auf Berlin vorzustoßen, um der Schlacht um Berlin die entscheidende Wende zu geben«.

Am 23. April wurde vom Wehrmachtführungsstab eine

neue, auf der Linie Warnemünde – Güstrow – Wittstock – Altruppin – Löwenberg – Bernau gelegte Grenze zwischen Heeresgruppe Weichsel und 12. Armee befohlen. Zugleich trat die 9. Armee unter den Befehl des OKW/WFSt., wobei die Meldungen über die Führungsgruppe des Generalstabes des Heeres erfolgen sollten.[13] Am gleichen Tage bekam die 12. Armee vom Wehrmachtführungsstab, der jetzt in Ausführung der Befehle Hitlers direkt in die Operationsführung an der Front um Berlin eingriff, den Auftrag: »Unter weitgehender Auflockerung der Elbe-Verteidigung zwischen Magdeburg und Dessau und der Mulde-Front zwischen Dessau und Grimma ist im Raum westlich und südwestlich Treuenbrietzen eine starke Angriffsgruppe von mindestens 3 Divisionen zu bilden mit dem Auftrag, über die Linie Jüterbog – Brück, Richtung Zossen und Teltow anzugreifen, um die gegen Potsdam und den Südrand Berlin vorstoßende russische Kräftegruppe zu schlagen ... 9. Armee hat den Befehl, auf die Linie Cottbus – Peitz – Beeskow, notfalls auf die Linie ostwärts Lübbenau – Schwielowsee auszuweichen, um hierdurch Kräfte für einen Stoß von Osten Richtung Baruth freizumachen.«[14]

Ebenfalls am 23. April wurde um 13.00 Uhr der Eingang des Rückzugsbefehls von der 9. Armee gegenüber der Heeresgruppe bestätigt. Er bedeutete für einen großen Teil der Verbände einen Marsch von über 60 Kilometern durch teilweise schwerpassierbares Gelände bei Feindeinwirkung, den Durchbruch durch Stellungen der 1. Ukrainischen Front entlang der Autobahn Cottbus – Berlin, die Bereitstellung für den Angriff in Richtung Berlin.

General Busse nutzte den Auftrag, um seine beabsichtigte und eingeleitete Absetzbewegung in Richtung Westen fortzusetzen, ohne sich offen gegen die Führung in Berlin zu stellen. Zu diesem Zweck meldete er noch am 23. April die in Erfüllung des Auftrages befohlenen Maßnahmen:

13 BA-MA, RH 2/337, Bl. 86 ff.
14 Ebenda, Bl. 8f., 23.4.1945.

An die Bevölkerung von Berlin

Berlin ist eingekesselt!

Die Rote Armee hat einen festen Ring um die Stadt gelegt. Dieser ing wird unter den Schlägen der Roten Armee immer enger. Bei der atastrophalen Lage der deutschen Truppen an den anderen Front-bschnitten wäre es geradezu töricht, an eine Hilfe für das einge-chlossene Berlin zu glauben.

Die Reste der im Raum von Frankfurt a. O. zerschlagenen deutschen ivisionen sind im Raum südlich Beeskow eingeschlossen und strecken i Tausenden die Waffen. Die untere Oder wurde auf breiter Front berschritten. Stettin ist besetzt. Hier sind die Russen 30 km über tettin hinausgestoßen. Gleichzeitig haben andere Sowjettruppen den ohenzollernkanal überschritten. An der Elbe vereinigten sich Sowjet-uppen an mehreren Stellen mit den Amerikanern. Der kleine, bis tzt noch unbesetzte Teil Deutschlands ist somit in zwei Stücke auf-espalten.

Gleichzeitig hat die Rote Armee nie dagewesene Kräfte an Berlin erangeführt: Zehntausende schwerer Geschütze und Salvengeschütze, ausende von Bombern und Panzern. Das Schicksal Berlins ist besie-lt. Nichts wird die Rote Armee aufhalten können.

Alle Versuche, die Stadt zu verteidigen, sind voll-tändig zwecklos.

Bei einer solch erdrückenden Übermacht der Roten Armee wird eiterer Widerstand nur zur vollen Zerstörung dessen führen, was och in der Stadt verblieben ist. Der Versuch, den Kampf in die Länge i ziehen, wird zu einer schrecklichen Hungersnot, zu Seuchen und zu en Tod Zehntausender friedlicher Einwohner führen. Uns ist bekannt, aß Ihr schon jetzt hungert, daß es Euch an Wasser und Licht mangelt. eder vernünftige Führer würde sich in einer solchen Lage zu sofor-ger Kapitulation entschließen, um die Stadt und das Leben der evölkerung — Frauen und Kinder — zu retten.

Doch die verbrecherische Hitlerführung tut das Gegenteil. Sie aft Euch zum Widerstand auf. Die unverschämte Goebbelspropa-

Berlin ist eingekesselt. Das beginnende Drama um Halbe ist in den Text des Flugblattes verbannt

»1. Zurücknahme der Ost- und Nordostfront in die allgemeine Linie Burg – Butzen – Schwielochsee – Spree in einem Zuge in der Nacht vom 23./24.4.

2. V. Armeekorps übernimmt den Befehl über Südfront vom rechten Flügel (Königs Wusterhausen) bis Burg einschließlich. V. SS-Geb.-Korps über Ostfront von Burg bis Kersdorfer Schleuse (2 km westlich Briesen) …

3. Freiwerdende Kräfte: 342. Inf. Div., 1 Verst. Kgr. 35 SS-Pol. Div. (bisher noch im Raum nördlich Guben eingesetzt), 1 Kgr. Festungsbesatzung Frankfurt (etwa 2 Regimenter) bereits bei XI. SS-Pz.-Korps. Artillerie noch nicht abzusehen.

4. Für die Angriffsgruppe vorgesehen zur Vereinigung mit der 12. Armee im Sinne des neuen Planes: Kgr. 21. Pz. Div., 342. Inf. Div., Teile 35. SS-Pol. Div., 1 gep. Gruppe SS-Aufkl. Abt. V. SS-Geb.-Korps. Frühester Beginn 25.4.«[15] Das waren im Kern die bereits eingeleiteten Maßnahmen zum Rückzug seiner Armee, wie Busse später bestätigte: »Damit hatte das AOK Freiheit, die Bewegung seiner Kräfte allein nach dem Gesichtspunkt rascher Gruppierung zum Durchbruch nach Westen laufen zu lassen.«

Der Rückzug der Truppen an der Süd- und Ostfront lief infolge der geografischen Bedingungen relativ gedeckt ab. Hier konnte der Gegner nicht zügig genug nachstoßen, um die eigene Truppe zu gefährden. Anders gestaltete sich die Lage an der Nordfront, die sich besonders nach Abzug des LVI. Panzerkorps in die Reichshauptstadt, rasch verschlechterte. Trotz immer wieder vorgetragener Gegenangriffe konnten nicht alle befohlenen Abschnitte gehalten werden. Teilweise mussten sich die angeschlagenen Divisionen und Kampfgruppen mehr als 10 bis 15 Kilometer zurückziehen, ehe sie zum Halten kamen. Die Errichtung eines sowjetischen Brückenkopfes über die Spree bei Fürstenwalde konnte ebensowenig verhindert werden wie der Übergang über den Fluss bei Neu Zittau und der Vorstoss über den Oder-Spree-Kanal.

15 BA-MA, RH 19 XV/10, Tagesmeldung vom 22.4.1945, Bl. 153.

III.
Die Entstehung des Kessels

1.
Shukows und Konews Aufgabe: abspalten und einkreisen

Der sowjetischen Führung war trotz des sich anbahnenden Sieges klar, dass ihre Truppen es bis zum 21. April nicht vermocht hatten, wesentliche Teile der deutschen Wehrmacht einzukreisen. Damit war ein wichtiger Bestandteil des Operationsplanes weder der Zeit noch dem Umfange nach erfüllt worden. Hierzu hatte das erwähnte Zurückhängen des Angriffs an den Flanken, besonders der ausgebliebene Vorstoß entlang der Autobahn Frankfurt – Berlin über Königs Wusterhausen nach Brandenburg, beigetragen.

Den Zusammenhang zwischen dem Kampfgeschehen auf dem Schlachtfeld und der politischen Strategie im Auge behaltend, hielt es das Hauptquartier in Moskau für an der Zeit einzugreifen. In der Nacht zum 23. April erließ es eine Direktive zur Fortsetzung der Berliner Operation. Es wurde der 1. Belorussischen Front und der 1. Ukrainischen Front befohlen, die deutsche Gruppierung südostwärts Berlins bis spätestens zum 24. April einzukreisen und den Durchbruch von Kräften der 9. Armee nach Berlin oder in westliche Richtung in jedem Falle zu verhindern. Eine sofortige Zerschlagung ohne Pause, wie später in der Literatur immer wieder hingestellt, befahl die Direktive nicht.

Marschall Konew reagierte noch in derselben Nacht. In Erfüllung der Moskauer Direktive und zugleich die Flanke seiner in Berlin stehenden Gruppierung sichernd, befahl er:

- Die 28. Armee besetzt zur Sicherung seiner vor Berlin stehenden Truppen mit zwei Divisionen den Abschnitt Bohnsdorf – Mittenwalde – Teupitz, organisiert eine stabile Abwehr nach Osten und wehrt jeden Versuch der 9. Armee, durch das eigene Hinterland nach Westen bzw. Südwesten auszubrechen, ab.
- Die 3. Gardearmee greift die 9. Armee an.
- Die 3. Gardepanzerarmee besetzt mit Teilen Buckow (nw Schönefeld) und trifft Maßnahmen zur Vereinigung mit Kräften der 1. Belorussischen Front im Rücken der 9. Armee.

Shukow sah für seine Front in Erfüllung der Direktive vor:

- Die 3. Armee, bisher in der zweiten Staffel der Front, hat in Richtung Wildau – Brusendorf – Junsdorf – Michendorf anzugreifen und unmittelbar den Abschnitt Gosen – Hartmannsdorf – Winkel (Westufer der Spree) zu erkämpfen.
- Das 2. Gardekavalleriekorps greift nach Süden, in Richtung Busch – Leibsch an und erreicht den Abschnitt Krausnick – Leibsch – Westufer Scharmützelsee; mit der Front nach Osten ist ein Rückzug von Kräften der 9. Armee nach Westen zu verhindern.
- Die 69. Armee hat den Befehl, mit dem rechten Flügel nach Süden anzugreifen, den Abschnitt Scharmützelsee – Bad Saarow – Ketschendorf zu besetzen und den Rückzug von Teilen der 9. Armee nach Westen und Nordwesten zu verhindern. Mit dem linken Flügel war ein Angriff in die allgemeine Richtung Briesen – Südspitze Scharmützelsee zu führen.
- Die 33. Armee greift allgemein in südwestliche Richtung an, ihr rechter Flügel auf Beeskow – Alt Schadow. Sie bindet durch aktive Handlungen die gegnerischen Truppen.

Die Aufgabenstellung an beide Fronten war sehr verschieden. Für die 1. Ukrainische Front, bei der die Einschließungsfront nur einen der Schwerpunkte bildete, bestand sie zunächst darin, mit zwei Divisionen eine über 50 Kilometer breite Ver-

Schwere sowjetische Artillerie am Rande Berlins

teidigungsstellung zu errichten und jeden Durchbruchsversuch zu verhindern.

Im Gegensatz dazu hatte Shukow einen umfangreicheren, offensiven Auftrag. Seiner Front fiel die Hauptaufgabe bei der Isolierung und Einkreisung der 9. Armee und der 4. Panzerarmee zu. Sein tiefer Angriffskeil, der bis in den unteren Spreewald zielte, macht die Absicht der gleichzeitigen Aufspaltung der deutschen Truppen deutlich. Die Errichtung einer etwa 30 Kilometer breiten Verteidigungsstellung entlang der Seen um den Scharmützelsee deutet daraufhin, dass hier ein möglicher Durchbruch nach Nordwesten abgewehrt werden sollte. Der Ansatz der jetzt eingeführten 3. Armee in Richtung Michendorf über die gerade neu festgelegte Trennungslinie hinaus ist wenig verständlich. Eine Verlängerung des Umfassungsarmes war seit dem Erfolg der 1. Ukrainischen Front überflüssig.

Die dazu befohlenen Verbände der 1. Ukrainischen Front bezogen am 23. April eine über 50 Kilometer breite Verteidigungsstellung. Konews Truppen erfüllten damit die ihnen für diesen Tag gestellte Aufgabe, eine Abwehrfront gegen einen deutschen Durchbruch nach Westen und Südwesten zu errichten. Als zusätzliche Sicherung gegen derartige deutsche Bestrebungen wurde das 25. Panzerkorps im Raum Duben als bewegliche Gruppe versammelt.

Schwieriger hatte es Shukow, von dessen Verbänden lediglich die 69. Armee bei Briesen nennenswert vorankam, die übrigen erreichten die ihnen zugewiesenen Abschnitte nicht termingerecht.

Von größter Bedeutung für das folgende Geschehen hingegen war ein Ereignis, das sich als Meldung der 9. Armee an die Heeresgruppe zunächst so las: »Letzte Möglichkeit Versorgungsausfuhr für Armee durch Einbruch Grünau unterbunden. Damit eingeleitete Hilfsmaßnahmen hinfällig. Versorgungszufuhr durch Luftlandung oder Abwurf.«[1] Die Verbindung nach Berlin war an diesem Tage bis auf einen schmalen Schlauch von 4 000 Metern zusammengedrückt worden und konnte daher bereits von der gegnerischen Artillerie »überwacht« werden.

Am folgenden Morgen schloss sich der Ring, um die Verbände südostwärts Berlin, als sich die Truppen des 28. Gardeschützenkorps der 8. Gardearmee mit dem 9. mechanisierten Korps der 3. Gardepanzerarmee um 10.30 Uhr im Raum Bohnsdorf trafen. Nur knapp zwei Stunden später begegneten sich die Infanterie beider Fronten im Raum Schönefelder Kreuz bei Brusendorf. Damit war der erste Teil der militärisch-strategischen Aufgabenstellung des Hauptquartiers in Moskau erfüllt.

Am 25. April schlossen Panzerkräfte der beiden Fronten den Ring um Berlin, als sie sich nordwestlich Potsdam trafen. Erst zu diesem Zeitpunkt war eines der sowjetischen Operationsziele, das Einkreisen und Isolieren der Wehrmachtverbände, in zwei Fällen erreicht worden, wobei das Hereinziehen einer

1 BA-MA, RH 19 XV/10, Tagesmeldung vom 22.4.1945, Bl. 213.

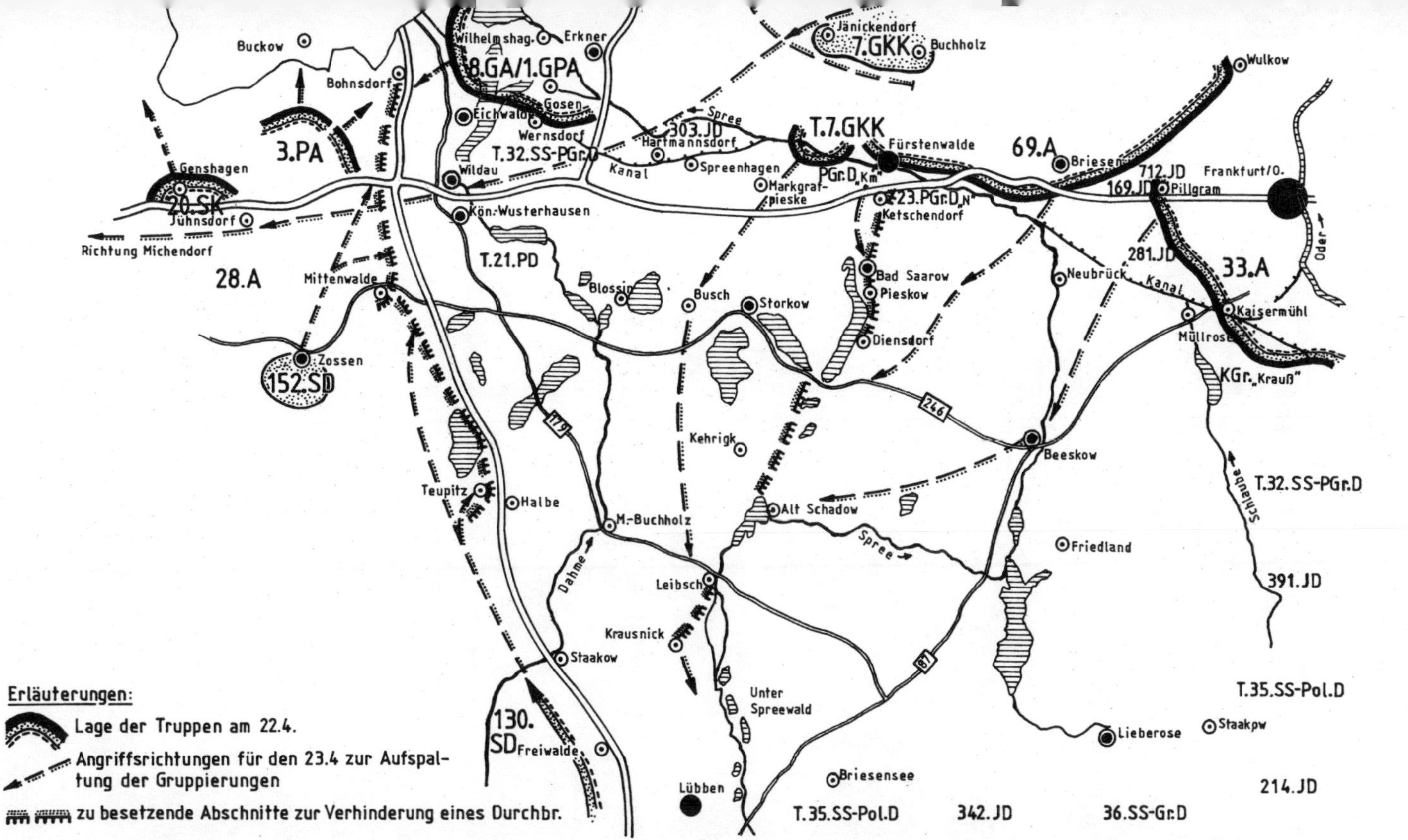

Plan der sowjetischen Seite zur Aufspaltung der 9. deutschen Armee und ihrer Zerschlagung nach Teilen

Ia/KTB

21.4.1945.

53

Tagesmeldung

OKH

In die Durchbruchslücke zwischen dem beiderseits Schöneiche stehenden LVI.Pz.Korps und der Südfront CI.A.K. führte der Feind starke Panzer- und Infanterie-Kräfte nach. Im Vorstoß nach Westen und Nordwesten aus dem Raum Bernau haben Panzerspitzen Wandlitz und Wensickendorf erreicht. CI.A.K. wurde in schweren Kämpfen gegen Eberswalde und westlich zurückgeworfen.

Aus dem Raum Werneuchen nach Süden und Südwesten angreifend, steht Feind im Angriff auf die nordostwärtigen Vororte der Reichshauptstadt. Er hat hier gegen den äußeren Verteidigungsring zwischen Dahlw. Hoppegarten - Schildow mit Infanterie, Artillerie und Panzkräften aufgeschlossen.

LVI.Pz.Korps hat sich auf die äußere Befestigungslinie mit rechtem Flügel Ostrand Gr. Müggelsee, mit linkem Flügel westlich Dahlw. Hoppegarten zurückgekämpft.

Gegen die Nordfront des XI.SS-Pz.Korps griff der Feind den ganzen Tag über mit starken Kräften an und drängte das Korps in die allgemeine Linie Petershagen - Falkenhagen - Haselfelde - Steinhöfel - Fürstenwalde zurück.

Durch das Hereinführen starker Feindkräfte von Norden in den Raum westlich Fürstenwalde bereitet sich im Zusammenhang mit dem aus dem Raum Luckau - Lübben nach Norden und Nordwesten vordringenden Feind die Einkesselung der Masse 9.Armee vor.

Südlich Berlin warf Feind eigene schwache Sicherungskräfte nach Nor[illegible] in die Linie Luckenwalde - Königswusterhausen zurück und brach in [illegible] Abendstunden erneut mehrfach in die aufgebaute Sicherungslinie ein. Feind hat Treuenbrietzen genommen und greift nach Westen weiter an.

Bei 3.Panzerarmee weitete der Feind durch das Nachgeben der Pol.Bri[illegible] 1 seinen Brückenkopf beiderseits der Reichsautobahn aus. Durch sof[illegible] eingeleitete Gegenangriffe gelang es, diesen Brückenkopf auf die Li[illegible] Wilhelmshöhe - Ostrand Hohenzahden - Südostrand Kurow zusammenzu[illegible]

größeren Menge von Einheiten nach Berlin nicht verhindert werden konnte.

Bereits am 24. April begannen bei der 28. Armee im Abschnitt Teupitz – Mittenwalde erste Durchbruchsversuche kleinerer deutscher Gruppen, die jedoch erfolglos blieben.

Die Einkesselung zweier derartig großer deutscher Gruppierungen war ein bedeutender Erfolg für die sowjetische Seite. Mit der Einschließung der »Berliner« und der »Frankfurt-Gubener«-Gruppierung der Wehrmacht, so die Bezeichnungen der sowjetischen Literatur, waren wesentliche Punkte des Operationsplanes ihrer Realisierung näher gekommen. Die Möglichkeit des Aufbaus einer neuen Front durch den deutschen Gegner war nahezu ausgeschlossen.

2.
Busses unlösbare Aufgabe: Rückzug und Rettung Berlins

Wie erwähnt hatte Hitler auf der Nachmittagslage am 22. April auf Grund von der Gesamtlage und der Realität zuwiderlaufenden Vorstellungen über die eigenen Möglichkeiten der Umgruppierung bei der 9. Armee zugestimmt. Den für die geschlagene 9. Armee undurchführbaren, völlig neuartigen Auftrag – Rückzug, Bereitstellung und Angriff – erhielt sie, als beim Gegner der Befehl zu ihrer Abspaltung und Einkreisung erging.

Es ging bei dem neuen Auftrag an die 9. Armee nicht um die Soldaten oder die mit eingeschlossenen Zivilisten, sondern einzig und allein um die Verlängerung der Existenz der Naziregierung. Ihre Lage verschlechterte sich entscheidend, als

Seite 52:
Am 21. April 1945 ist die Gefahr für den Südflügel der 9. Armee nicht mehr abzuwenden

Der Bahnhof von Bad Saarow Pieskow.
Hier am Scharmützelsee befanden sich die Stäbe der 9. Armee.
Aufn. 1996

Hitler am 23. April das LVI. Panzerkorps nach Berlin befahl und General Weidling mit der Verteidigung der Hauptstadt beauftragte. Mit dieser Entwicklung ging die Chance verloren, für die in den Waldgebieten befindlichen Truppen eine Rückzugsmöglichkeit in dem noch relativ dünnen Einschließungsring offen zu halten. Auf diese Weise arbeiteten Hitler und das OKH den sowjetischen Einkesselungsabsichten in die Hand.

Während bei der 9. Armee die Rückzugsbewegungen gerade angelaufen waren, erhielt sie am Abend des 23. April den Befehl, »unter Festhalten eines möglichst großen Raumes zwischen den beiden von Frankfurt und Cottbus auf Berlin führenden Autobahnen, dem von Treuenbrietzen nach Nordosten angesetzten Angriff der 12. Armee durch Angriff gegen die

183

Geheim

Geheime Kommandosache

Fernschreibstelle

Fernschreibname Laufende Nr.

Angenommen / Aufgenommen

Datum: 19

um: Uhr

von:

durch:

Befördert:

Datum: 23/4 1945

um: 0450 Uhr

an: HORX

durch: Pöhl

Rolle: FF V

4. Ausfertigungen

1. Ausfertigung

LdN. IFO

Datum 23. April 1945

LdN. Nr. 0921/0230

Vermerke: K.R.Blitz

Fernschreiben / Posttelegramm / Fernspruch von

22.4.45		An A.O.K. 9 — QWD —
Abgangstag	Abgangszeit	

Vermerke für Beförderung (vom Aufgeber auszufüllen) — Bestimmungsort

1.) Der Führer hat Zurücknahme Ostfront 9.Armee auf allgemeine Linie nördlich Cottbus - Peitz - Lieberose Beeskow - Spree befohlen.

2.) Mit den hierdurch freiwerdenen Kräften hat die Armee zum frühestmöglichsten Zeitpunkt in allgemeiner Richtung auf Baruth in die tiefe Flanke des nach Norden gegen die Reichshauptstadt vorstossenden Feindes anzugreifen, um zum Zusammenwirken mit der von Westen mit dem Südflügel auf Jüterbog angreifenden 12.Armee zu kommen.

3.) Im äussersten Notfalle kann der Südflügel der Armee ~~vor~~ der allgemeinen Linie Burg - Butzen - Schwielochsee - Beeskow zurückgeklappt werden.

4.) Die Armee meldet ~~baldmöglichst~~ beabsichtigte Durchführung der zu treffenden Massnahmen.

Nach Abgang:

Ausverteiler A

F.d.R.

Oberst i.G.

Für das Obkdo.d.H.Gr.Weichsel

Der Oberbefehlshaber

gez.Heinrici

Generaloberst

Ia Nr. 6019/45 gKdos.

Nicht zu übermitteln:

Unterschrift des Aufgebers

Fernsprech-Anschluß des Aufgebers

Der verspätete Rückzugbefehl mit undurchführbaren Zielen

Ostflanke der gegen die Berliner Südfront vorstoßenden Sowjets entgegenzuarbeiten«. Das zu erfüllen bedeutete in erster Linie, die Nordfront zu halten, was bereits außerhalb der Möglichkeiten der 9. Armee lag. General Busse, dessen Stab inzwischen zu dem am Südende des Scharmützelsees gelegenen gleichnamigen Bahnhof verlegt hatte, schrieb später darüber: »Das Überwinden der über 60 km Luftlinie betragenden Entfernung bis zur 12. Armee quer durch die rückwärtigen Verbindungen des Nordflügels der 1. Ukrainischen Front konnte nur gelingen, wenn der Durchstoß so rasch erfolgte, daß der Feind keine wirksamen Gegenmaßnahmen treffen konnte. Dazu mußte die Truppe Tag und Nacht in Bewegung bleiben. Das konnte sie nur, wenn die Wirkung der starken russischen Luftwaffe und der Panzerkräfte möglichst abgeschwächt wurde. Dazu bot der breite Waldgürtel von Halbe über Kummersdorf nördlich Luckenwalde die einzige Möglichkeit. Dies um so mehr, als die 12. Armee die schwer enttäuschende Nachricht gab, daß sie nicht nach Osten, sondern nach Nordosten Richtung Beelitz angreifen würde. Von einem Entgegenstoßen war damit nicht mehr die Rede. Trotzdem befahl die oberste Führung immer wieder, die Armee solle nach erfolgtem Durchbruch sofort zum Angriff in den Rücken des Feindes am Südrand von Berlin nach Norden eindrehen. Diese Befehle beachtete und beantwortete das AOK nicht. Es mußte so handeln, wollte es seinen festen Vorsatz, möglichst alle verbleibenden Truppen dem Zugriff des Russen zu entziehen, verwirklichen. So stand der Entschluß fest, den Einschließungsring beiderseits Halbe zu sprengen und unter Ausnutzung der Waldzonen südlich Beelitz durchzustoßen.«[2]

Der bereits am 23. April eingeleitete Rückzug verlief an der Süd- und Ostfront relativ reibungslos, da der Angreifer auf Grund der komplizierten Geländebedingungen nicht schnell genug nachzustoßen in der Lage war. Komplizierter ent-

2 Th. Busse, Die letzte Schlacht der 9. Armee, in: Wehrwiss. Rundschau, H. 4/1955, S. 167.

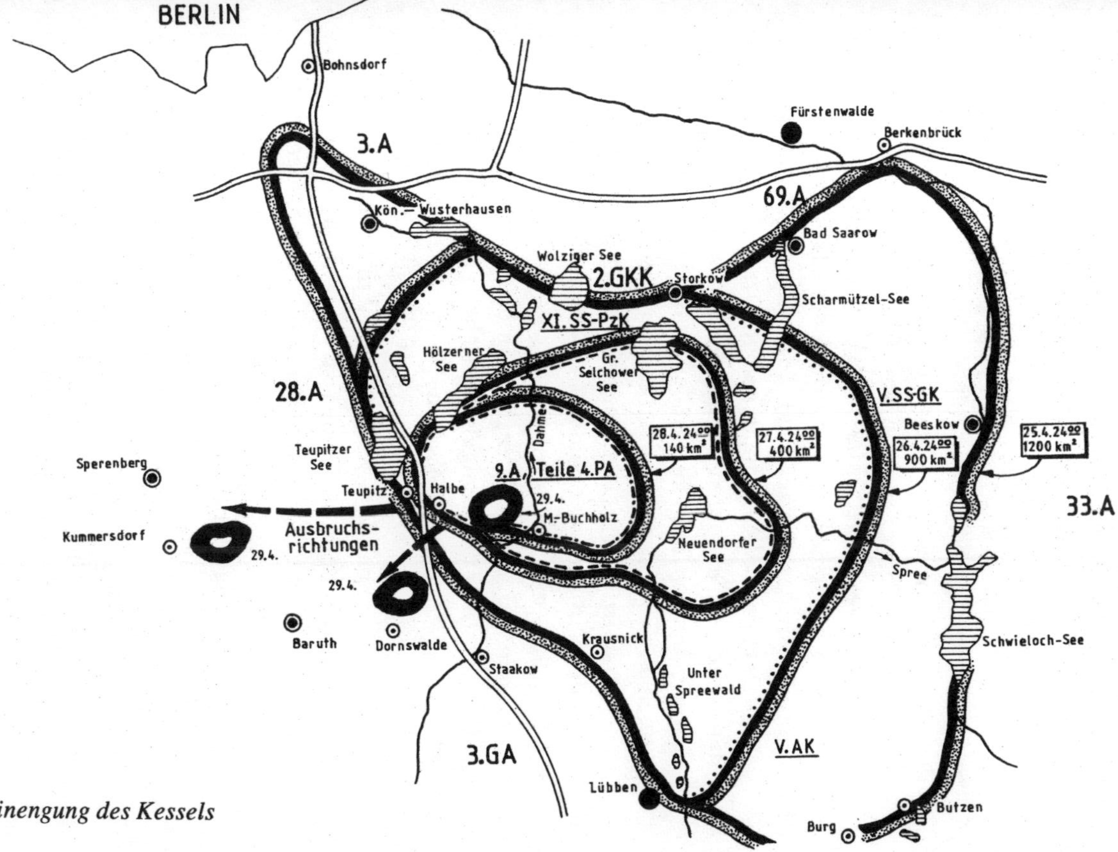

Die Einengung des Kessels

wickelte sich die Lage an der Nordfront, die kaum noch zu halten war. Hier konnten die Sowjets noch am gleichen Tage bei Fürstenwalde das Südufer der Spree gewinnen, überwanden den Fluss auch bei Neu Zittau und erreichten den Oder-Spree-Kanal.

Ein erster Versuch, am 24. April bei Halbe aus der Bewegung mit einer gepanzerten Gruppe den Ring des Gegners zu durchbrechen, scheiterte. Die von der nachfolgenden Infanterie getrennten Panzer wurden von Einheiten der 1. Ukrainischen Front vernichtet. Eine Lücke offen zu halten gelang nicht, der Ring schloss sich sofort wieder. Dass es sich bei den durchgebrochenen Panzern um Teile der 21. Panzerdivision gehandelt haben solle, ist nicht belegt. Der Verband spielte bei allen weiteren Duchbruchsversuchen eine wichtige Rolle, wie aus Berichten von Teilnehmern der Kämpfe hervorgeht.

Auch an den übrigen Abschnitten der Front begann die Lage immer komplizierter zu werden. Das Gesetz des Handelns diktierten die Verbände der beiden sowjetischen Fronten, die den Einschließungsring bildeten.

Die nun folgenden Kämpfe wurden für Tausende zum Schicksal und für die wenigen Überlebenden zum Trauma. Die zerrütteten Verbände der 9. Armee bzw. das, was von drei Armeekorps übrig geblieben war, sowie die ähnlich zerschlagenen Verbände des V. A.K. der 4. Pz. Armee führten erbitterte, hinhaltende Gefechte. Dabei spielten kleine Gruppen von gepanzerten Fahrzeugen mit Begleitinfanterie, darunter die Reste der schweren SS-Panzerabteilung 502 sowie der SS-Panzeraufklärungsabteilung 10 im Raum Storkow – Bad Saarow, die Hauptrolle. Es gab keine durchgehende Front, gekämpft wurde um Abschnitte, einzelne Orte und Stützpunkte. Ziel war der einigermaßen geordnete Rückzug von Sperrlinie zu Sperrlinie. Gegenstöße und Gegenangriffe mit stärkeren Gruppen brachten zwar zeitweilig Erfolge, aufzuhalten war mit dieser Art der Kampfführung, dem hinhaltenden Gefecht, das Vordringen der sowjetischen Truppen nicht. Das Eindringen des Gegners in die eigene Gefechtsordnung, in Flanke und

Fernschreiben. 11 Ausf.
.... .Ausf.

(m. A.U.)

An 1.) OB H. Gr. Mitte FRR
Gen.Feldm. Schörner

2.) OB H. Gr. Weichsel
Gen. Oberst Heinrici

Nachr.: 3.) Ger d H b Reichsm u Ob d L
z Hd Oberst v. Besserer o.V.i.A. = 1.Ausf.

4.) VO GenStdH b OKW/WFSt
Maj. i.G. v. Josden (Abdruck)

Die Zurücknahme der nicht angegriffenen Front des rechten Flügel und der Mitte der 9. Armee wird nicht genehmigt. Diese Front ist durch Herausziehen weiterer Kräfte mindestens in Stärke 1 Div. rücksichtslos zu schwächen. Hierdurch und durch Ausschöpfen aller Möglichkeiten , die sich durch Zuführen weiterer Verstärkungen aus Berlin ergeben, ist es Aufgabe der 9. Armee eine geschlossene Front vorwärts Berlin wiederherzustellen und durchgebrochenen Feindteile zu vernichten.

V. A.K. (linkes Flügelkorps der H.Gr. Mitte) wird mit sofortiger Wirkung der H.Gr. Weichsel unterstellt. Es hat seine jetzige Stellung zu halten und unter Heranziehung von Volkssturm die tiefe Südflanke an den Südrändern des Spreewaldes zu sichern.

Die Div."Friedrich Ludwig Jahn" wird voll unterstellt. Mit allen irgendwie beweglichen Teilen (dazu je 1 Pz. und SPW Kp aus Wünsdorf) ist frühzeitig aus der eigenen Sperrlinie anzugreifen und der Gegner nach SO zurückzuwerfen.

Im Auftrage des Führers
Der Chef des Generalstabes des Heeres
J.A. gez.Krebs
General der Infanterie

OKH/GenStdH/Op Abt(roem.1a)
Nr. 450288 /45 g.Kdos.Chefs.
20.4.45 22.50 Uhr
Für die Richtigkeit:

Nach Abgang:

Der Befehl, der die 9. Armee an die Oderlinie fesselte und verspätet die Grenze zur Heeresgruppe Mitte korrigierte

Rücken war nicht zu verhindern. Im Einsickern kleinerer Gruppen in unübersichtlichem Waldgelände mit anschließendem Waldkampf hatten die sowjetischen Einheiten bereits nach blutigem Lehrgeld im Winterkrieg gegen Finnland Erfahrungen sammeln können.

Die absolute Luftüberlegenheit des Gegners, seine Erfahrung im Waldkampf und andere Faktoren verschlimmerten die Lage der deutschen Truppen immer mehr. Geordnete Kolonnen und Einheiten neben führerlosen Gruppen, gemischt mit Flüchtlingen, Verwundeten auf Fahrzeugen unterschiedlichster Art wälzten sich über Straßen und Wege dieses Teiles von Brandenburg. Allein die 16. Luftarmee führte am 24. April mehr als 2 000 Starts durch. Panzer und Sturmgeschütze wurden außer Gefecht gesetzt. Munitionswagen explodierten, ganze Gruppen von Soldaten wurden durch Volltreffer getötet.

Auf Grund der ständigen Einwirkungen des Gegners und der mangelnden oder völlig fehlenden deutschen Aufklärung bestand an den meisten Abschnitten und in den festgelegten Sammelräumen keine Klarheit über die Lage. Auch bei der Führung fehlte eine zutreffende Gesamtübersicht immer mehr.

Am Ende des 24. April stellte das OKW fest: »In die schwierigen, weiträumigen Absetzbewegungen der 9. Armee stieß der Feind mit starken Fesselungsangriffen von Osten und Norden hinein, die das Herauslösen von Kräften für den Angriff nach Westen erschwerten.

Tiefe Einbrüche westlich Fürstenwalde und das Ausweichen des LVI. Panzerkorps auf den Teltower Kanal führten zu weiterer Verschärfung der Lage bei der 9. Armee. Die Versorgungslage ist bereits jetzt bei infanterie-, panzerbrechender Munition und Betriebsstoff äußerst angespannt …

Bei der 9. Armee Angriff überlegenen Feindes aus dem Brückenkopf westlich Fürstenwalde nach Westen. Göllmitz, Försterei Langendamm und Rauen verloren. Nach Süden vorstoßender Feind wurde am Nordrand Kolpin aufgefangen.«[3]

3 BA-MA, RH 19 XV/10, Bl. 332.

Schützengraben an der Ostfront des Kessels im Raum Müllrose. Aufn. 1996

Bis zum Abend des 24. April, des neunten Tages der Berliner Operation, war durch die Vereinigung der Truppen beider russischer Fronten im Raum Schönefeld das geschehen, was Heeresgruppe und AOK befürchtet hatten:

Im Norden der Abschnitt Königs Wusterhausen blockiert, im Süden die Wege im Spreewald abgeriegelt, im Südwesten die Eisenbahnlinie Lübben – Halbe besetzt und im Westen die See-Engen zwischen Teupitz und Königs Wusterhausen gesperrt. Westwärts der Autobahn Cottbus – Berlin trafen immer mehr sowjetische Einheiten ein und bauten Auffangstellungen aus.

Der Weg für die 9. Armee nach Westen, in die Gefangenschaft der Westalliierten war versperrt. Die Erkenntnis muss sich wie ein Lauffeuer von Mann zu Mann verbreitet haben. Ein Angehöriger der Panzergrenadierdivision »Kurmark« notierte in sein Tagebuch: »... wie ein schleichendes Gift geht die Parole von Mann zu Mann, lähmt die eigenen Handlungen und zwingt zu der Frage, wie aus dem Kessel herauszukommen sei«.

Mit in den Kessel geriet eine unbekannte Zahl von Evakuierten aus den Gebieten beiderseits der Oder und Neiße, von Flüchtlingen aus Orten, die die Front überrollt hatte, von Angehörigen des Wehrmachtgefolges sowie von Zwangsarbeitern, Kriegsgefangenen und Häftlingen des Dritten Reiches. »Gerechte« und »Ungerechte« wurden, ohne ihr Los beeinflussen zu können, in den Strudel des Untergangs mitgerissen. Das Schicksal der in dieses Inferno geratenen Zivilbevölkerung ist ein besonderes Kapitel. Es ausführlich zu behandeln ist hier nicht der Platz. Dies ist Aufgabe gesonderter Forschungen und Darstellungen. Es wird vermutlich nie in allen Einzelheiten geklärt werden können. Werden hierin nicht schon die zunehmenden Auswirkungen von Kriegen im 20. Jahrhundert auf Nichtkombattanten krass sichtbar?

IV.
Der Kessel

1.
Die operativen Absichten der Roten Armee und die Kräfte im Kessel

Gegen die geschlagenen deutschen Verbände wurden Teile von zwei Fronten aufgeboten. Sie hatten den Auftrag, die eingeschlossenen deutschen Kräfte in kürzester Zeit aufzuspalten und zu zerschlagen. Ein Durchbruch nach Westen bzw. Berlin mit folgender Vereinigung mit der 12. Armee war zu verhindern. Das bedeutete, die Vernichtung der 9. Armee hatte im Gebiet um Märkisch Buchholz zu erfolgen.

Hierfür eingesetzt wurden von Shukows 1. Belorussischen, die 3., 69. und 33. Armee sowie das 2. Gardekavalleriekorps. Von Konews 1. Ukrainischen Front waren die 3. Gardearmee, Teile der 28. Armee sowie das 25. Panzerkorps beteiligt. Zusätzlich wurden spezielle Artillerieverbände, darunter eine schwere Artilleriedurchbruchsdivision hinzugezogen. Insgesamt sechs Fliegerkorps, Teile der 2. und 16. Luftarmee, bildeten die Luftkomponente. In absoluten Zahlen waren das 280 000 Mann, 7 400 Geschütze und Granatwerfer, 280 Panzer und SfL sowie 1 500 Flugzeuge.[1] Eine den Resten der 9. Armee weit überlegene Gruppierung, die jederzeit verstärkt und ausreichend mit Material und Nachschub versorgt werden konnte.

Die Kräfte der 1. Ukrainischen Front richteten sich vor der vermuteten Durchbruchsrichtung Märkisch Buchholz – Lu-

1 Hierzu vgl. u.a. Geschichte des Zweiten Weltkrieges 1939–1945, Bd. 10, S. 396.

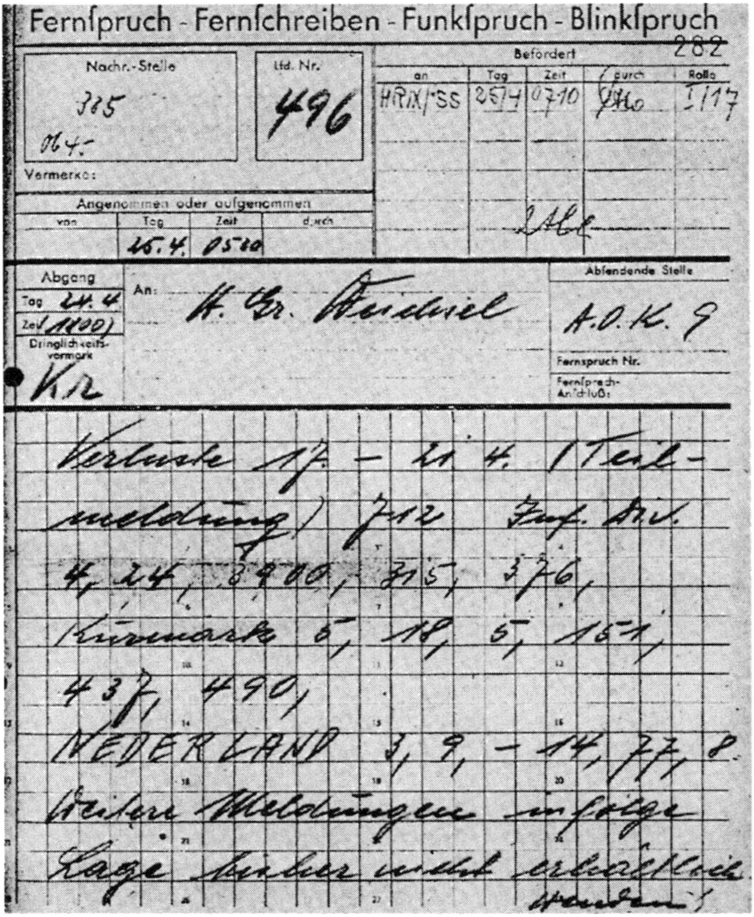

Fernspruch - Fernschreiben - Funkspruch - Blinkspruch 282

Nachr.-Stelle	Lfd. Nr.	Befördert an	Tag	Zeit	durch	Rolle
385	496	HRIX/SS	25/4	0710		I/17

Vermerke:

Angenommen oder aufgenommen

von	Tag	Zeit	durch
	25.4.	0510	

Abgang Tag 24.4 Zeit (1800)

Dringlichkeitsvermerk KR

An: H. Gr. Weichsel

Absendende Stelle A.O.K. 9

Fernspruch Nr.

Fernsprech-Anschluß:

Verluste 17.–21.4. (Teilmeldung) 712 Inf. Div. 4, 24, 3900, 315, 376, Kurmark 5, 18, 5, 151, 437, 490, NEDERLAND 3, 9, –, 14, 77, 8. Weitere Meldungen infolge Lage bisher nicht erhältlich [illegible].

Verlustmeldung der 9. Armee an die Heeresgruppe Weichsel

Seite 65:
Deutsche Geschützstellung im Gebiet der Schlaube.
Aufn. 1996

ckenwalde zur Verteidigung ein. Es wurden zwei Verteidigungslinien aufgebaut.

Die in vorderster Front eingesetzte 3. Gardearmee erhielt die Aufgabe:

- Im Raum Teupitz eine Division als Reserve zu konzentrieren,
- alle Waldwege zu besetzen,
- entlang der Autobahn Berlin – Cottbus Stützpunkte anzulegen und diese Richtung mit Artillerieeinheiten zu verstärken,
- im Abschnitt Tornow – Neuendorf starke Panzerabwehrstützpunkte zu schaffen und hier zwei Panzerjäger-Artillerieregimenter zu konzentrieren,
- eine Division im Raum Brand – Staakow – Wolzow und eine weitere im Raum Neuendorf – Schönwalde zu konzentrieren.

- Im gleichen Raum war das 2. Panzerkorps als bewegliche Reserve konzentriert, ein Regiment/oder Brigade Selbstfahrlafetten verlegte zugleich in den Raum Teupitz.
- Im Abschnitt Lübben – Teupitz sollten starke Sperren angelegt werden.

Mit der Konzentration mehrerer Divisionen im Rücken der 3. Garde- und 28. Armee wurden nicht nur Reserven bereitgestellt, sondern wurde zugleich eine zweite Verteidigungslinie aufgebaut. Verlegt wurde das 3. Gardeschützenkorps der 28. Armee. Deren 96. Schützendivision stand bei Golßen, die 50. bei Baruth und die 54. bei Lindenbrück. Das an der rechten Flanke der 3. Gardearmee eingesetzte 76. Schützenkorps bekam den Befehl, in der allgemeinen Richtung Straupitz – Schlepzig anzugreifen und mit der rechts eingesetzten 33. Armee der 1. Belorussischen Front eng zusammenzuwirken.

Von der 13. Armee wurde das 24. Schützenkorps herausgelöst. Bis zum Morgen des 26. April hatte die 395. Schützendivision den Abschnitt Golßen – Baruth besetzt, die 117. Schützendivision die Rundumverteidigung von Luckenwalde organisiert und die 280. versammelte sich als Korpsreserve im Raum Jüterbog. Der so vollzogene Aufmarsch ermöglichte den sowjetischen Verbänden, sowohl gegen die deutsche 9. als auch die 12. Armee vorzugehen.

Um den deutschen Durchbruch zu verhindern, wurden weiter zahlreiche Panzersperren errichtet. Fast 20 000 Minen wurden verlegt und Baumsperren kombiniert mit Minen auf einer Länge von zwölf Kilometern ausgelegt.

Den Verbänden der 1. Belorussischen Front oblag wie erwähnt der offensive Teil der Operation. Sie sollten im Zusammenwirken mit der 1. Ukrainischen Front die deutsche Gruppierung um Märkisch Buchholz – Halbe aus Norden, Osten und Südosten angreifen, die deutschen Truppen in kleine und kleinste Gruppen aufspalten und zerschlagen. Mit diesem Ziel bekam die 3. Armee mit dem 40. Schützenkorps den Befehl, in

Der Bahnhof Scharmützelsee, bei Beginn der Einkesselung Gefechtsstand der 9. Armee. Aufn. 1996

Richtung Mittenwalde – Motzen anzugreifen, den Abschnitt Brusendorf – Motzen – Pätz zu besetzen und die Verbindung mit den Truppen der 1. Ukrainischen Front herzustellen. Dem 35. Schützenkorps wurde befohlen, in Richtung Pätz und dem 41. in Richtung Prieros vorzugehen, anschließend sollten sie den Abschnitt Groß Köris – Prieros besetzen. In Richtung Märkisch Buchholz hatte das 2. Gardekavalleriekorps einen Schlag zu führen und die im Zentrum eingesetzte 69. Armee mit der rechten Flanke gegen Görsdorf – Streganz und im weiteren den Abschnitt Prieros – Schwerin – Behrensdorf zu besetzen. Die 33. Armee schließlich bekam den Befehl, den Hauptschlag in Richtung Beeskow – Kehrigk und den Nebenschlag mit der linken Flanke auf Gröditsch zu führen.

Aufmarsch und Aufgabenstellung verdeutlichten die Zielsetzung des sowjetischen Vorgehens: den Raum um Halbe –

Teupitz hinreichend zu sperren, um einen deutschen Ausbruch sowohl nach Westen als auch nach Südwesten zu verhindern. Zugleich war beabsichtigt, mit Schlägen von Nord, Ost und Südost die deutsche Gruppierung aufzuspalten und in kürzester Zeit in immer kleiner werdenden Kesseln zu zerschlagen.

Den annähernd 1 500 sowjetischen Bomben-, Schlacht- und Jagdflugzeugen wurde die Aufgabe gestellt, die eigenen Truppen bei ihren Handlungen zu unterstützen, Manöver der 9. Armee zu verhindern und Ansammlungen deutscher Einheiten in Wäldern und an Übersetzstellen an Spree und Dahme zu zerschlagen sowie deren Luftversorgung zu verhindern und Luftaufklärung zu führen.

Die propagandistischen Bemühungen beider Fronten, mit Hilfe von Flugblatt- und Lautsprecheraktionen die deutschen Soldaten zur Einstellung des Kampfes und zur Kapitulation zu bewegen und auf diese Weise das operative Ziel schnell und mit möglichst geringen Verlusten zu erreichen, waren wenig erfolgreich. Der Wille der deutschen Seite, sich notfalls den Weg in die westliche Gefangenschaft freizukämpfen, konnte kaum gebrochen werden.

Obwohl auch Frontbeauftragte des »Nationalkomitees Freies Deutschland« mitwirkten, ist jedoch der immer wieder behauptete bewaffnete Einsatz von »Seydlitz-Truppen«, d.h. von Einheiten aus deutschen Soldaten unter Führung der Roten Armee, wenig wahrscheinlich und nicht nachweisbar.

Für die Rote Armee war auch die politische Arbeit mit den eigenen Soldaten wichtig, da der Elan der Truppe kurz vor dem sichtbaren Kriegsende merklich nachließ. Trotz heroischer Aufrufe waren viele Soldaten stärker bestrebt, den Sieg zu erleben, als sein Herannahen auf Kosten ihres eigenen Lebens zu beschleunigen.[2] Eine Rolle spielte auch die Herkunft des Ersatzes: Angehörige der sogenannten Westgebiete der

2 Vgl. Bericht von Boris Lewicki, seinerzeit Angehöriger einer Einheit des NKWD der Roten Armee, in: Archiv der Gedenkstätte/Museum Seelower Höhen.

UdSSR, befreite Kriegsgefangene und nicht russischsprachige Angehörige der Union aus der Tiefe des Landes.

Ein zweiter Aspekt bestand darin, das Verhalten der eigenen Soldaten gegenüber der deutschen Bevölkerung unter Kontrolle zu bringen. Ihnen war im Verlauf des von beiden Seiten immer rücksichtsloser geführten Krieges der Hass gegen alle Deutschen eingeprägt worden, was in den ersten Wochen nach Überschreiten der deutschen Grenze zu Ausschreitungen in einem Ausmaß geführt hatte, das diese sich auf die politischen Ziele auszuwirken begannen und die militärische Einsatzfähigkeit der Truppe gefährdeten. Hier setzte bekanntlich der Artikel des damaligen Chefideologen der KPdSU, Alexandrow, in der »Prawda« vom 14. April 1945 ein Zeichen. Einen neuerlichen Aufruf I. Ehrenburgs zur Vernichtung der Deutschen zurückweisend, wurde dargelegt, dass die Rote Armee »den Kampf zur Liquidierung der Hitlerarmee, des Hitlerstaates, der Hitlerregierung« führe, »aber sie hat sich niemals das Ziel gestellt und wird es sich nicht stellen, das deutsche Volk auszurotten«. Die nun einsetzende Umkehrung in der politischen Schulung, zwischen Nazis und guten Deutschen zu unterscheiden, war in den Einheiten nur schwer nachvollziehbar und konnte nur mit drakonischen Maßnahmen von der Führung durchgesetzt werden.

Deutsche motorisierte Truppen in Guben.
Ende März 1945

Wehrmachteinheit auf dem Marsch an die Front. Februar 1945

Begegnung alliierter Soldaten Ende April 1945 in einem deutschen Dorf. Deutlich sichtbar die Kriegsfolgen

2.
Der Weg zur Elbe

a) Erster Ausbruchsversuch

Am 25. April, als die Verbände der beiden sowjetischen Fronten nordwestlich von Potsdam – bei Ketzin – eine feste Verbindung hergestellt hatten, war die »Berliner Gruppierung« mit mehr als 400 000 Mann eingeschlossen und in zwei voneinander getrennte Gruppen gespalten: in die in der Reichshauptstadt und in die im Kessel von Halbe.

In dem etwa 1 200 Quadratkilometer großen Gebiet um Halbe befanden sich die Reste des XI. SS-Panzerkorps, des V. SS-Gebirgskorps und des V. Armeekorps mit insgesamt elf Infanterie-, zwei Panzergrenadier- und einer Panzerdivision. Hinzu kam eine Reihe selbständiger Truppenteile und Einheiten. Nach sowjetischen Angaben waren das elf Regimenter, vier Brigaden, 71 Bataillone, ein Artillerieregiment, fünf Artillerieabteilungen, ein Panzerregiment, ein Panzerbataillon sowie die Festungsbesatzung von Frankfurt.

Mit eingekesselt war eine große Zahl Verwundeter und Kranker sowie Zivilisten. Die genaue Anzahl der im Halbe-Kessel eingeschlossenen Personen wird sich kaum jemals genau bestimmen lassen. Die Angaben schwanken zwischen 150 000 und 200 000 Menschen.

Nach Aussagen des Kommandierenden Generals der Sicherungstruppen und Befehlshabers im Heeresgebiet, Generalleutnant F. Bernhard, standen im Kessel 50 000 Mann Kampftruppen und 10 000 Volkssturmleute. »Zusammen mit Einheiten der Rückwärtigen Dienste befanden sich im Kessel bis zu 150 000 Mann. Im Kessel befand sich auch die gesamte Führung der 9. Armee, darunter General Busse und die Offiziere des Stabes; die Kommandeure und Stäbe des XI. SS-Panzerkorps, des V. SS-Gebirgskorps, des V. Armeekorps sowie höhere und höchste Offiziere der Rückwärtigen Dienste.«[3]

3 Siehe Anlage S. 180.

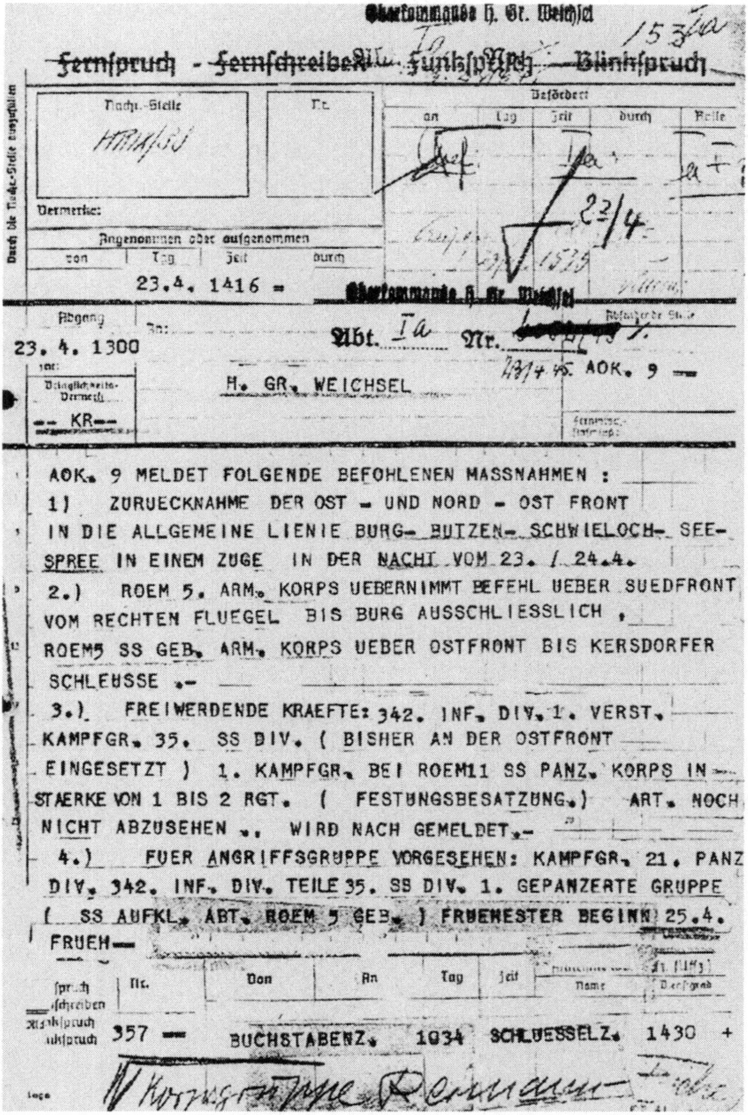

Oberkommando H. Gr. Weichsel

Fernspruch – Fernschreiben – Funkspruch – Blinkspruch

Nachr.-Stelle | Nr. | Befördert an / Tag / Zeit / durch / Rolle

Vermerke:

Angenommen oder aufgenommen von / Tag / Zeit / durch

23.4. 1416 =

Abgang 23. 4. 1300

Abt. Ia Nr.

Dringlichkeits-Vermerk -- KR--

23/4 45. AOK. 9 —

H. GR. WEICHSEL

AOK. 9 MELDET FOLGENDE BEFOHLENEN MASSNAHMEN :
1) ZURUECKNAHME DER OST – UND NORD – OST FRONT IN DIE ALLGEMEINE LIENIE BURG- BUTZEN- SCHWIELOCH- SEE- SPREE IN EINEM ZUGE IN DER NACHT VOM 23. / 24.4.
2.) ROEM 5. ARM. KORPS UEBERNIMMT BEFEHL UEBER SUEDFRONT VOM RECHTEN FLUEGEL BIS BURG AUSSCHLIESSLICH , ROEM5 SS GEB. ARM. KORPS UEBER OSTFRONT BIS KERSDORFER SCHLEUSSE .-
3.) FREIWERDENDE KRAEFTE: 342. INF. DIV. 1. VERST. KAMPFGR. 35. SS DIV. (BISHER AN DER OSTFRONT EINGESETZT) 1. KAMPFGR. BEI ROEM11 SS PANZ. KORPS IN STAERKE VON 1 BIS 2 RGT. (FESTUNGSBESATZUNG.) ART. NOCH NICHT ABZUSEHEN .. WIRD NACH GEMELDET.-
4.) FUER ANGRIFFSGRUPPE VORGESEHEN: KAMPFGR. 21. PANZ DIV. 342. INF. DIV. TEILE 35. SS DIV. 1. GEPANZERTE GRUPPE (SS AUFKL. ABT. ROEM 5 GEB.) FRUEHESTER BEGINN 25.4. FRUEH—

357 — BUCHSTABENZ. 1034 SCHLUESSELZ. 1430 +

Operationsführung mit doppeltem Boden. Der Entsatz von Berlin dient als Vorwand für den Durchbruch zur Elbe

Nach sowjetischen, mit Sicherheit zu hohen Angaben hatte die eingeschlossene Gruppierung über 2 000 Geschütze und Granatwerfer und etwa 300 gepanzerte Fahrzeuge. Nach mehr als einer Woche schwerer Kämpfe, Verteidigung und Rückzug hatten die Einheiten selten mehr als 50 Prozent ihrer ursprünglichen Stärke und Ausrüstung. Nach sowjetischen Meldungen hatten die an Oder und Neiße geschlagenen deutschen Verbände bis zu 80 Prozent Verluste erlitten. Zieht man in Betracht, dass die schweren Artilleriegeschütze bzw. die ortsfesten Batterien der Flakartillerie beim Rückzug in ihren Stellungen verblieben bzw. gesprengt wurden, dürften etwa 1 000 Geschütze und Granatwerfer bei den eingekesselten Kräften vorhanden gewesen sein. Ein ähnliches Bild trifft für die Panzer, Sturmgeschütze und Jagdpanzer zu. Im Gegensatz zu den Zahlen der Sowjets meldete die Armee am 24. April an die Heeresgruppe beim V. Armeekorps 79 und beim XI. SS-Panzerkorps 36 Panzer aller Typen.[4] Zahlen für die anderen Verbände und Einheiten wurden nicht genannt.

Tatsächlich dürften, wenn für alle übrigen nochmals die gleiche Größenordnung angenommen wird, maximal 250 gepanzerte Fahrzeuge, vorhanden gewesen sein. Der Realität am nächsten käme eine Zahl, die zwischen 150 und 200 liegt. Der akute, immer größer werdende Mangel an Treibstoff und Munition verschärfte die Lage der Eingeschlossenen. Ein Kräftevergleich mit dem Gegner ist in jedem Falle fragwürdig. Von deutscher Seite fehlen hierfür überprüfbare Unterlagen. Berichte von Zeitzeugen geben in erster Linie subjektive Eindrücke wieder und beruhen selten auf erhalten gebliebenen Dokumenten. Außerdem kann nur ein nach Zeit und Ort genau definierter Vergleich aussagefähig sein, da sich das Kräfteverhältnis täglich, ja stündlich zu Ungunsten der eingekesselten Gruppierung verschob. Dieser dürfte wohl nie mehr möglich sein, so dass alle Zahlen nur eine Tendenz andeuten können.

4 Wie Fn 3, Kap. III.

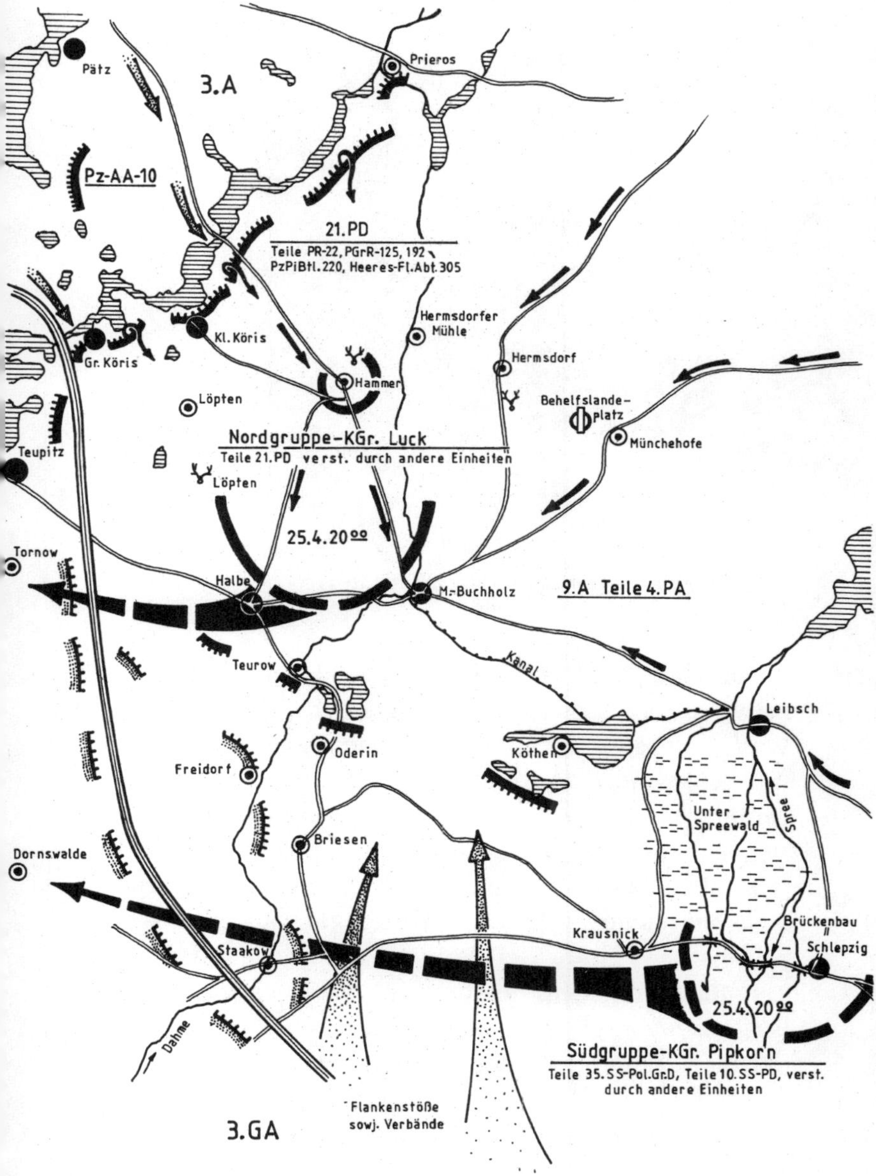

Bereitstellung zum Ausbruch aus der Bewegung heraus für den 25.4.1945

Die Dörfer um Märkisch Buchholz – Halbe, hier Kehrigk, boten Mann und Gerät nur selten die Gelegenheit zur Ruhe

Für die in den Kessel geratenen Soldaten bestand die Alternative nur noch zwischen Gefangenschaft im Osten oder im Westen. Infolge der Erfahrungen des Krieges im Osten, der von beiden Seiten im Laufe der Zeit immmer rücksichtsloser geführt worden war, fiel die Option naturgemäß auf den Westen. Um dieses Ziel zu erreichen, waren Soldaten und Offiziere zu allem bereit, mobilisierte ein Teil von ihnen nochmals in einer nahezu unbegreiflichen Anstrengung alle physischen und psychischen Kräfte. Viele Soldaten richteten ihre Bemühungen vor allem darauf, im Sog der noch aktiv Handelnden aus der Einkreisung zu gelangen und zu überleben.

Unmittelbar vor der Einkreisung befanden sich im Kessel und standen:

An der Nordfront: Allgemeine Linie Königs Wusterhausen – Wolziger See – Storkow – Bad Saarow – Berkenbrück. Das XI. SS-Panzerkorps mit dem Stab der Panzergrenadierdivision »Kurmark« und einigen Kampfgruppen; Kampfgruppen der

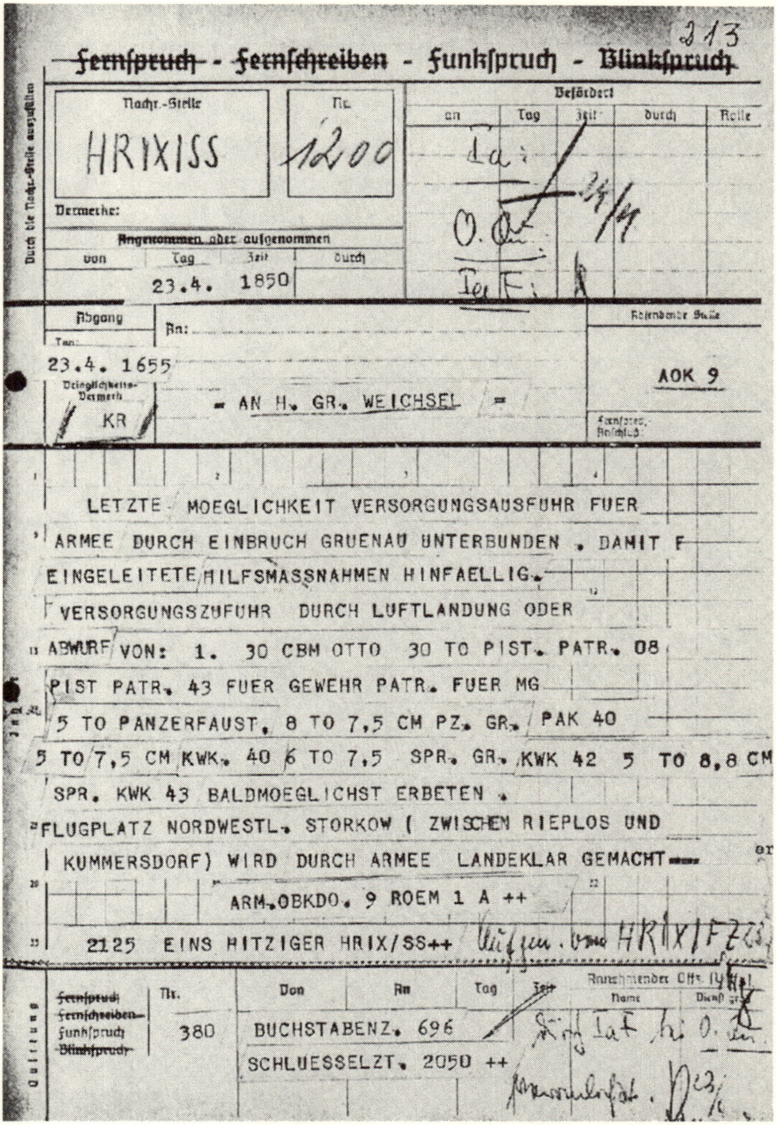

Fernspruch - Fernschreiben - Funkspruch - Blinkspruch

213

Nachr.-Stelle: HRIXISS Nr.: 1200

Angenommen oder aufgenommen — Tag: 23.4. Zeit: 1850

Abgang — Tag: 23.4. 1655

Dringlichkeits-Vermerk: KR

Absendende Stelle: AOK 9

= AN H. GR. WEICHSEL =

LETZTE MOEGLICHKEIT VERSORGUNGSAUSFUHR FUER
ARMEE DURCH EINBRUCH GRUENAU UNTERBUNDEN . DAMIT F
EINGELEITETE HILFSMASSNAHMEN HINFAELLIG.
VERSORGUNGSZUFUHR DURCH LUFTLANDUNG ODER
ABWURF VON: 1. 30 CBM OTTO 30 TO PIST. PATR. 08
PIST PATR. 43 FUER GEWEHR PATR. FUER MG
5 TO PANZERFAUST, 8 TO 7,5 CM PZ. GR. PAK 40
5 TO 7,5 CM KWK. 40 6 TO 7,5 SPR. GR. KWK 42 5 TO 8,8 CM
SPR. KWK 43 BALDMOEGLICHST ERBETEN .
FLUGPLATZ NORDWESTL. STORKOW (ZWISCHEN RIEPLOS UND
KUMMERSDORF) WIRD DURCH ARMEE LANDEKLAR GEMACHT
ARM.OBKDO. 9 ROEM 1 A ++
2125 EINS HITZIGER HRIX/SS++

Funkspruch Nr. 380
BUCHSTABENZ. 696
SCHLUESSELZT. 2050 ++

Versorgung bei vollendeter Einkesselung,
ein für die Wehrmacht 1945 nicht mehr zu lösendes Problem

303., 169. und 712. Infanteriedivision; Regimentsgefechtsgruppe »Schill« mit II/86 und II/87, in Anmarsch Gefechtsgruppe 87 »Kurmark« mit I/86 »Schill« und I/87 »Kurmark«; Kampfgruppe Hengstmann; Teile der Panzerjägerabteilung 32 (Kampfgruppe); schwere SS-Panzerjagdabteilung 502; SS-Panzerjagdabteilung 561 (Kampfgruppe); 23. SS-Pz.-Gren.-Div. »Nederland« (Stab und eine Kampfgruppe); Kampfgruppe der 21. Pz. Div.; Panzerjagdkommando »Dora« II.

An der Ostfront: Allgemeine Linie Burg – Butzen – Schwielochsee – Beeskow. V. SS-Geb. K.; 32. SS. Div. »30. Januar« (Stab mit einer Kampfgruppe vom FEB 32 und Füsilierbataillon 32); 391. Sicherungsdivision (Stab und Reste); 286. Infanteriedivision (Reste und Teile des Stabes), Regimentsgefechtsgruppe 88 (Becker) mit Teilen weiterer Kampfgruppen aus dem Raum Müllrose – Beeskow; Reste der Korpstruppen 505 sowie gemischte Artillerie/Flak-Kampfgruppe (unbeweglich) bei der Ortschaft Merz.

An der Südfront: Unter dem V. AK auf der allgemeinen Linie Halbe – Krausnick – Lübben befanden sich Reste der 35. SS-Polizeidivision; Reste der 275., 214. und 342. Infanteriedivision; Teile der 36. SS-Gren. Div.; Kampfgruppe der 10. SS-Pz. Div. und Teile des 6. SS-Gendarmeriebataillons.[5]

Auf vorbereitete Verteidigungsstellungen konnten sich die eingeschlossenen Truppen nicht stützen. Die Einheiten klammerten sich unter Ausnutzung der natürlichen Hindernisse an schnell improvisierte einzelne Stützpunkte oder Verteidigungsnester in Ortschaften, Gehöften und günstigen Geländeabschnitten. Nicht selten waren durch eingedrungene gegnerische Truppen bereits kleinere Kessel im großen Einschließungsring entstanden.

Die Truppen waren von den vorangegangenen verlustreichen Abwehrkämpfen und überstürzten Absetzbewegungen gezeichnet. Es mangelte an Nachschub, die Zahl der Verwun-

5 Hierzu wie zu den folgenden Details vgl. u.a. W. Tieke, Das Ende zwischen Oder und Elbe – Der Kampf um Berlin 1945, Stuttgart 1992; H. Spaeter, Die Geschichte des Panzerkorps Groß-Deutschland, III. Bd., S. 405 ff.

ERLINER MORGENPOST

Vereinigt während des Krieges mit Berliner Lokal-Anzeiger

Berlin wird den Sowjets nicht übergeben

Eiserne Disziplin

Der Führer ist bei uns!

Kampf mit äußerster Entschlossenheit und dem Einsatz aller Mittel

Feuerprobe der Partei

Hohe sowjetische Verluste

Die letzte nicht mehr zur Auslieferung gekommene Nummer der Berliner Morgenpost vom 24. April 1945

deten und Kranken stieg. Wie bereits erwähnt, verschärfte sich auch die Lage der mit eingeschlossenen Zivilbevölkerung, die ohne Führung in den Ortschaften und Wäldern umherirrte.

Im Bunker der Reichskanzlei dagegen wurde mit Armeen und Einheiten operiert, deren Möglichkeiten längst vertan waren. Hier planten Hitler und seine Umgebung noch immer den Entsatz der Hauptstadt. Am 25. April, nach der De-facto-Aufspaltung des Restreiches in einen Nord- und einen Südteil, befahl er die Neugliederung der Befehlsführung. Für die Gesamtoperationen verantwortlich war das OKW nach den Weisungen des Diktators. Er ließ sie durch den bei ihm »befindlichen Chef des Generalstabes des Heeres« übermitteln. Im Nordraum führte das OKW u.a. die 12. Armee und die Heeresgruppe Weichsel mit der 9. Armee direkt. Zur Hauptaufgabe des OKW wurde bestimmt: »Durch Angriff mit allen Kräften und Mitteln und unter größter Beschleunigung von Nordwesten, Südwesten und Süden her eine breite Verbindung mit Berlin wiederherzustellen und damit die Schlacht von Berlin siegreich zu entscheiden.«[6] Die zu diesem Zeitpunkt an jenem Ort betriebene operative Führung hatte wenig mit dem zu tun, was einmal unter Führungskunst verstanden worden war.

Die folgenden Entschlüsse und Aufträge entsprachen in keiner Weise der Lage, die empfangenden Oberbefehlshaber der beiden Armeen ignorierten oder unterliefen sie. Unmittelbar nach dem Krieg schrieb General Dethleffsen, seinerzeit Chef der Führungsgruppe Heer im OKW: »Am 24.4. abends wurde eine Lagebesprechung bei Generaloberst Jodl durchgeführt, bei der Feldmarschall Keitel über seine Eindrücke berichtete. Die Quintessenz seiner Ausführungen war die, daß er behauptete, die Truppe wäre nicht nur kampfwillig, sondern auch noch weitestgehend kampffähig; die Rückschläge seien weit mehr auf die Mutlosigkeit und wohl auch den fehlenden Willen der höheren und mittleren Führung zurückzuführen ... Ein treuer Schüler seines Herren! ... Im Führerbunker schien man (am 25. April – d.Vf.) trotz der völligen Aussichtslosigkeit der Lage noch einmal Hoffnung auf die Möglichkeit eines Entsatzes von Berlin geschöpft zu haben. In zahlreichen dringlichen Ferngesprächen wurden durch General Krebs im Auftrag Hitlers Gegenangriffe der 12. Armee und des Korps Steiners, ja sogar der 9. Armee gefordert. Da nicht anzunehmen war, daß Krebs über die Unmöglichkeit der Ausführung der Befehle sich nicht im klaren gewesen wäre, hat er sie wohl nur zur Beruhigung Hitlers weitergegeben. In dieser Situation blieb Krebs wohl auch nichts anderes übrig. Da kein deutscher Verband mehr Handlungsfreiheit besaß, wäre jeder andere Vorschlag sinnlos.«[7]

Gegenüber General Weidling äußerte der Diktator noch am 25. April: »Die Lage wird sich verbessern. Die 9. Armee wird

6 G. Förster/R. Lakowski, 1945. Das Jahr der endgültigen Niederlage der faschistischen Wehrmacht, Berlin 1985, S. 337.

7 BA-MA, N 265/126, Bl.160 ff.

Ausbruchsversuch von Teilen der deutschen Truppen am 25./27. April 1945

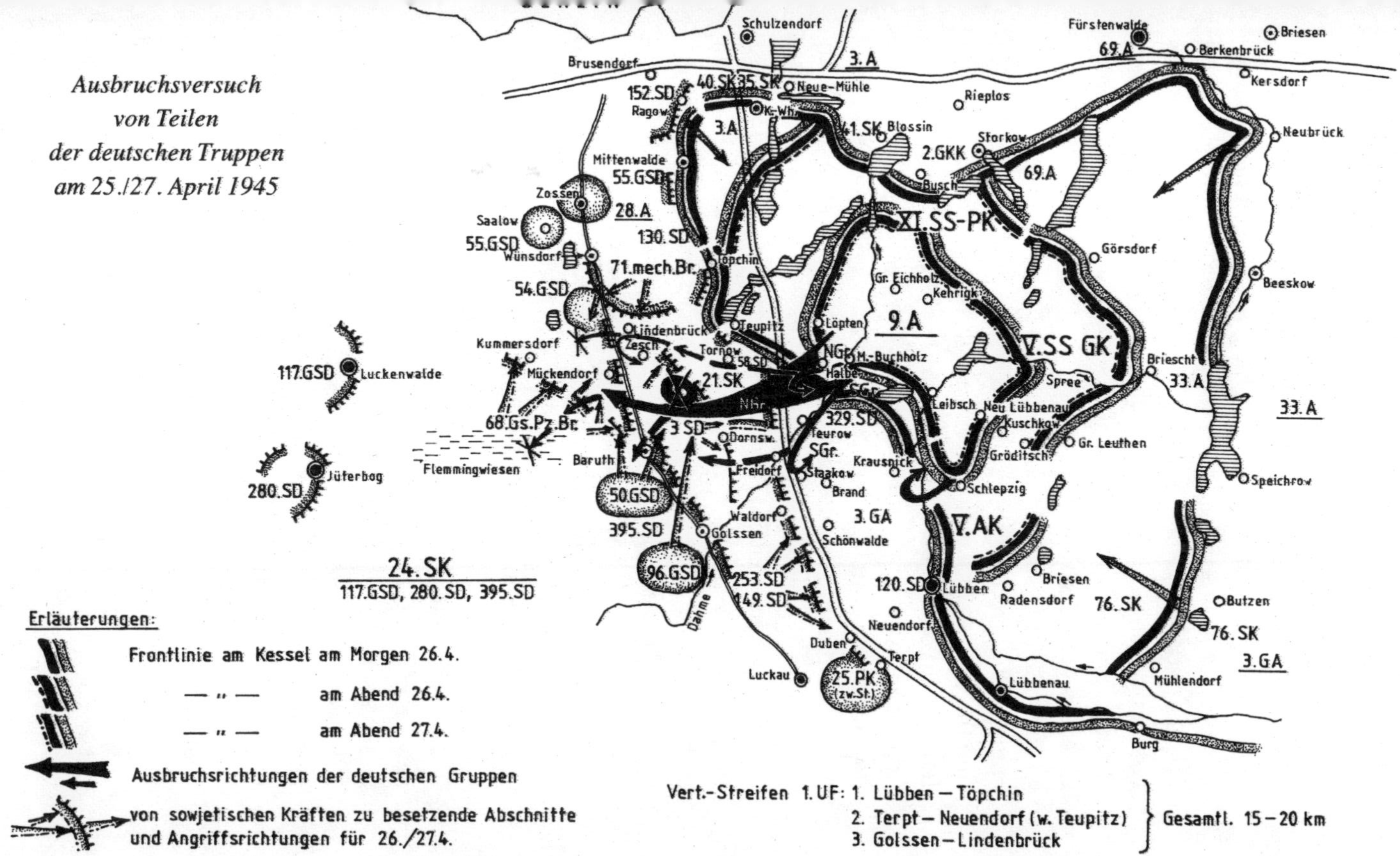

nach Berlin kommen und dem Gegner mit der 12. Stoßarmee General Wenck, die von Südwesten herankommen sollte, einen Schlag versetzen. Dieser Schlag wird gegen die Südflanke von Berlin angreifenden russischen Truppen erfolgen, von Norden werden Einheiten unter dem Kommando von Steiner herankommen und dem nördlichen Flügel der Russen einen Schlag versetzen. Diese Vorstöße werden die Lage zu unseren Gunsten verändern.«[8]

Obwohl völlig an der realen Lage vorbei, ergingen die entsprechenden von Krebs unterzeichneten Befehle an die 12. und die eingeschlossene 9. Armee. Doch entgegen den Befehlen und Erwartungen im Bunker der Reichskanzlei verfolgten die beiden Armeeführer ein anderes, der Realität näheres Ziel, das ihren persönlichen Wünschen und dem Streben ihrer Soldaten entsprach, nämlich an die Elbe zu gelangen und dort in die weitaus weniger gefürchtete Gefangenschaft der Westalliierten zu gehen. General Busse schrieb später hierüber: »Diese Befehle beachtete und beantwortete das AOK nicht. Es mußte so handeln, wollte es seinen festen Vorsatz, möglichst alle verbliebenen Truppen dem Zugriff der Russen zu entziehen, verwirklichen. So stand der Entschluß fest, den Einschließungsring beiderseits Halbe zu sprengen und unter Ausnutzung der Waldzonen südlich Beelitz durchzustoßen.«[9]

Entsprechend handelte die von General Wenck geführte 12. Armee, obwohl sein Befehl anders lautete. Im Vordergrund ihrer Bestrebungen stand die Aufnahme der ausbrechenden Teile der 9. Armee. Er begann am Vortage unter Zurücklassung schwacher Sicherungen gegen die südliche Flanke der 1. Ukrainischen Front vorzugehen. Das XX. AK gruppierte um und marschierte in den Raum Belzig – Niemegk. Der auf Beelitz – Potsdam gerichtete Stoß erzielte erste Teilerfolge, die die Lage in der Reichshauptstadt kaum beeinflußten, aber immer deutlicher die Zielsetzung, die Aufnahme der 9. Armee, zeigten.

8 Wie Fn. 5; H. Refior, Mein Berliner Tagebuch, Bl. 141.

9 Busse, S. 167.

In der Nacht vom 25. zum 26. April verstärkte Hitler aus dem Bunker der Reichskanzlei heraus seine Bemühungen, beide Armeen zu veranlassen, Berlin zu entsetzen. In einem Befehl an die 12. Armee wurde verlangt »ohne jede Rücksicht auf Flanken und Nachbar mit Härte und Entschlossenheit die Angriffsgruppen scharf zusammengefaßt den Durchstoß (zu) vollenden«. Um dies zu erreichen, wurde befohlen:

»1. Die 12. Armee hat mit ihrer Südgruppe unter Belassung von Sicherungen im Raum Wittenberg aus dem Raum Belzig auf die Linie Beelitz – Ferch anzutreten, um damit die rückwärtigen Verbindungen der in Richtung Brandenburg vorgehenden 4. sowjetischen Panzer-Armee abzuschneiden und unverzüglich den Angriff in ostwärtiger Richtung bis zur Vereinigung mit der 9. Armee fortzusetzen.

2. Die 9. Armee greift unter Festhalten ihrer jetzigen Ostfront zwischen Spreewald und Fürstenwalde auf kürzestem Wege nach Westen an und stellt die Verbindung mit der 12. Armee her.

3. Nach Vereinigung beider Armeen kommt es darauf an, unter Eindrehen nach Norden die feindlichen Verbände im Südteil von Berlin zu vernichten und eine breite Verbindung mit Berlin herzustellen.«[10]

Zu diesem Zeitpunkt waren bei der 9. Armee die Ausbruchsvorbereitungen nach Westen im vollen Gange. Hierfür setzte Busse alles auf eine Karte. Alle Kräfte zusammenfassend plante er, bei Halbe die sowjetischen Stellungen frontal zu überrennen. Um dies zu erreichen, gruppierte er den Rest der ihm zu Verfügung stehenden Kräfte folgendermaßen:

- XI. SS-Panzerkorps mit allen noch vorhandenen Panzerkräften bei und nördlich Halbe,
- V. Armeekorps südlich anschließend zum Schlagen der Durchbruchslücke und Sicherung der Südflanke,
- V. SS-Gebirgskorps zum Abdecken des Durchbruchs nach Osten und Norden und im weiteren Verlauf als Rückendeckung.

10 Förster/Lakowski, S.338.

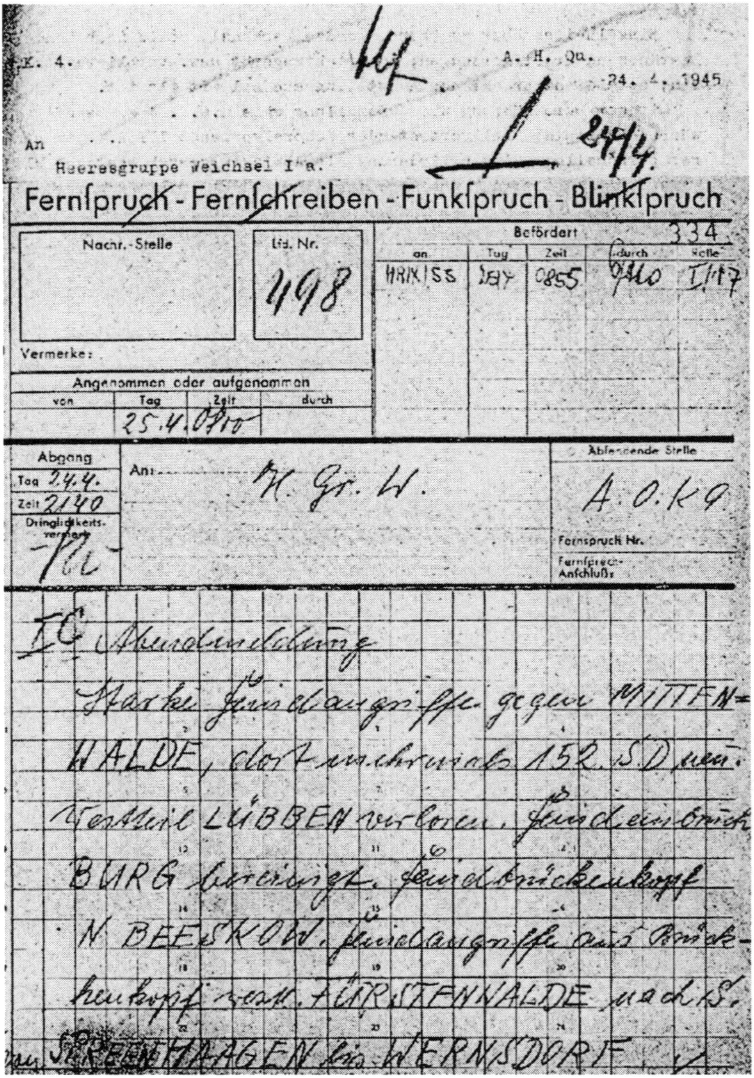

K. 4. A. H. Qu.
24. 4. 1945

An
Heeresgruppe Weichsel I a.

Fernspruch - Fernschreiben - Funkspruch - Blinkspruch

Nachr.-Stelle | Lfd. Nr. 498 | Befördert 334 — an: HRK/SS, Tag: 25/4, Zeit: 0855, durch: [illegible], Rolle: I/17

Vermerke:

Angenommen oder aufgenommen — von: | Tag: 25.4. | Zeit: 0[illegible] | durch:

Abgang — Tag: 24.4. Zeit: 2140
Dringlichkeitsvermerk: [illegible]

An: H. Gr. W.

Absendende Stelle: A.O.K. 9
Fernspruch Nr.
Fernsprech-Anschluß

Ic Abendmeldung
Starke Feindangriffe gegen MITTENWALDE, [illegible] 152. SD [illegible] LÜBBEN verloren. [illegible] BURG [illegible]. Feindbrückenkopf N. BEESKOW. Feindangriffe aus Brückenkopf westl. FÜRSTENWALDE nach S. [illegible] SPREENHAGEN bis WERNSDORF.

Abendlage der 9. Armee vom 25. April 1945

Die 21. Panzerdivision zur Deckung nach Nordwesten sollte auf Halbe zurückklappen, sobald alle Verbände abgeflossen seien, und dem V. SS-Gebirgskorps folgen. Die Masse der Artillerieeinheiten hatte Feuerstellung beiderseits der Ortschaft Halbe zu beziehen. Weiter war befohlen, wie General Busse später schrieb: »Die Munition war bis auf geringe, für den weiteren Durchstoß benötigte Reste für das Vorbereitungsfeuer freigegeben. Alle nicht zum Kampf benötigten mot. Fahrzeuge waren zu zerstören, um Betriebsstoff für die Kraftfahrzeuge zu gewinnen. Alle Waffen, für welche nach dem Vorbereitungsfeuer keine Munition mehr vorhanden war, waren unbrauchbar zu machen. Alles, was Waffen hatte, einschließlich Stäbe, Armeetruppen usw., wurde zu Kampfeinheiten formiert.«[11] Letzteres war wohl, wie aus Berichten von Zeitzeugen hervorgeht, nicht wortwörtlich durchgeführt worden.

Inwieweit es gelang, im entscheidenden Abschnitt bei Halbe die Kräfte vor allem bei Artillerie und Panzern zu konzentrieren und damit die zahlenmäßige Überlegenheit über die gegenüberliegende 3. Gardearmee zu erreichen, muss offen bleiben. General Busse war seinerzeit zweifellos davon überzeugt, das Ergebnis des Ausbruchsversuches jedoch gab ihm Unrecht. Mit großer Sicherheit waren ihm die Stärke des Gegners mit mehreren Divisionen, die Panzer und Artilleriestärken, der Aufmarsch einer Artilleriedurchbruchsdivision mit allein rund 300 Rohren hinter der 3. Gardearmee sowie die Anlage eines zweiten Verteidigungsstreifens nicht bekannt.

Ein weiterer Faktor für das Gelingen des Ausbruchs wäre die Überraschung gewesen. Sie ließ sich vor allem auf Grund der absoluten Luftüberlegenheit der Roten Armee ebenfalls nicht erreichen. Das nächste Problem waren die konkreten Zeitvorgaben für die Truppen, wann alle befohlenen Vorbereitungen, von der Zerstörung bis zur Bereitstellung zum Angriff, unter den gegebenen Bedingungen termingerecht zu erfüllen seien.

11 Busse, a.a.O.

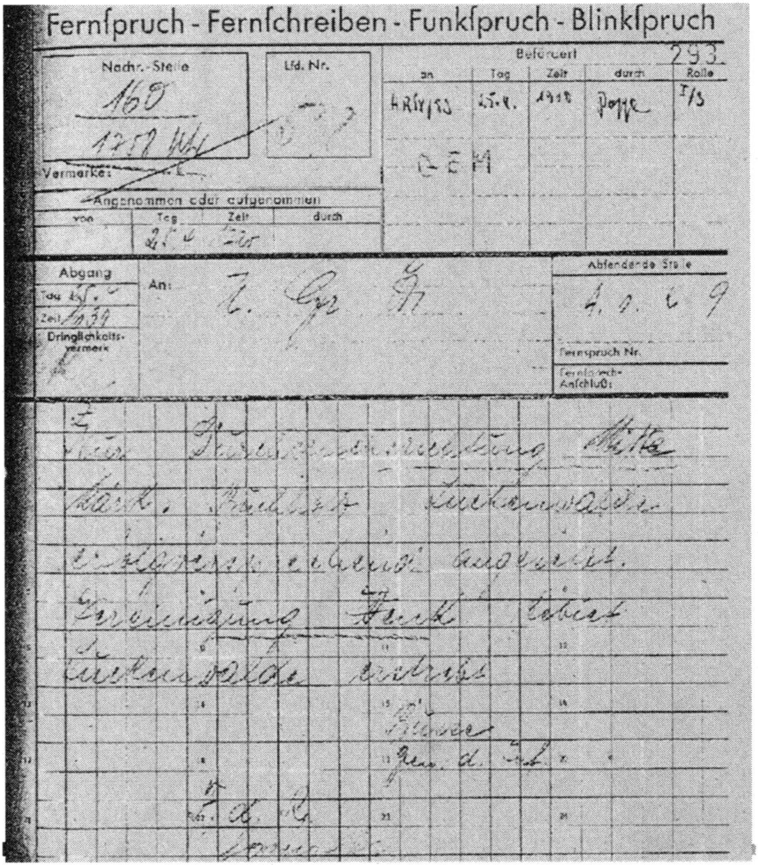

Meldung Busses über die beabsichtigte Ausbruchsrichtung

Letzteres gelang offensichtlich nicht. Ein Indiz hierfür sind die unterschiedlichen Angaben über den Ausbruchsbeginn. Häufig beziehen sie sich nur auf die Tage vom 28. April bis zum 1. Mai 1945. In der sowjetisch/russischen Literatur wird der 26. April als erster Ausbruchstag genannt. Überprüft man die deutschen Quellen und folgt man den Ausführungen General Busses, begannen die Kämpfe zum Ausbruch aus dem Kessel am 25. des Monats.

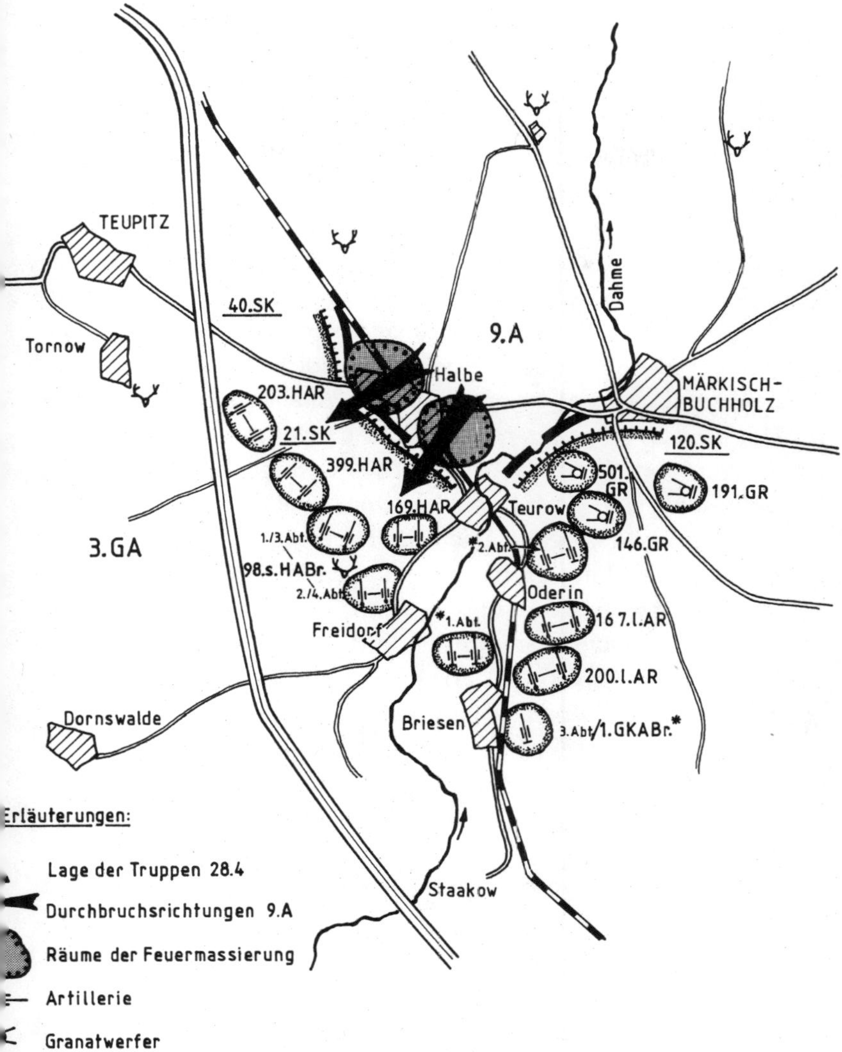

Aufmarsch der 1. Garde-Artillerie-Durchbruchsdivision am 28.4.1945

Bereits einen Tag zuvor hatte die dominierende Rote Luftflotte die deutschen Bewegungen in Richtung auf Märkisch Buchholz, Löpten und Halbe sowie die Konzentrierung von Kräften und Material am Westrand des Kessels erkannt. Die Folge waren Luftangriffe des 4. Bombenfliegerkorps, die meisten von 70 zweimotorigen Maschinen vom Typ Pe-2 auf die erkannten Ziele. Artilleriefeuer traf die Marschkolonnen und die Bereitstellungsräume. Es herrschte ein heilloses Durcheinander. Zerschossene Panzer, brennende Sturmgeschütze, liegengebliebene Kraftfahrzeuge und zerstörte Pferdegespanne säumten die Wege oder blockierten sie. Die Luftangriffe und das Artilleriefeuer zwangen die Soldaten, immer wieder in Deckung zu gehen. Immer häufiger kam es auf den verstopften Straßen und Wegen zu Staus. Die wichtige Brücke über die Dahme bei Märkisch Buchholz wurde getroffen, wodurch der entscheidende Zugang nach Halbe erschwert war. Nur auf Umwegen und mit Zeitverzug konnten die Truppen die befohlenen Konzentrierungsräume erreichen. Das wichtige Überraschungsmoment war verloren, und der starke Überraschungsschlag konnte nicht geführt werden. Daher begann der Ausbruchsversuch verspätet und nicht gleichzeitig, wodurch sich die Chancen für seinen Erfolg verschlechterten.

Der Angriff der 35. SS-Polizeigren.- und der 10. SS-Panzerdivision, der Südgruppe, begann am 25. April gegen 20.00 Uhr. Er scheiterte. Als die Spitzen mit schweren Panzern die Stellungen der 329. Schützendivision des 120. Korps der 3. Gardearmee erreichten, schlug ihnen heftigstes Abwehrfeuer entgegen. Die vorgehenden Einheiten lösten sich auf, nur einzelne Gruppen erreichten die Autobahn bei Staakow.

Die Nordgruppe trat erst gegen 24.00 Uhr von Artillerie unterstützt an. Sie traf überall auf heftige Gegenangriffe. Von über 50 Panzern und Sturmgeschützen begleitet, traf ihr Angriff die Naht zwischen der 3. Garde- und 28. Armee. Sie konnte daher die vordersten Stellungen der sowjetischen Truppen durchbrechen, überquerte die Autobahn und stieß bis in den Raum Baruth vor. Nach zwei Stunden erreichte die Grup-

Die ungeordnete Flucht von tausenden Soldaten und Zivilisten bestimmte das Geschehen im Kessel

pierung den Nordrand von Baruth und stand im Rücken der 3. Gardearmee. Damit war der Endpunkt des Unternehmens erreicht. Beim Versuch, die Straße und Bahnlinie nördlich Baruth zu überqueren, kam es zu schweren Gefechten. Gezieltes Artillerie- und Panzerartilleriefeuer vereitelte zunächst jedes weitere Vorankommen. Der Führer der Kampfgruppe, Oberst von Luck, meldete General Busse die entstandene Lage und seinen Entschluss, den Angriff noch bei Dunkelheit fortzusetzen. Letzteres, da er bei Tagesanbruch Gegenangriffe und den verstärkten Einsatz von Fliegerkräften befürchtete. General Busses Antwort ist schwer nachvollziehbar. Er befahl der Kampfgruppe, im erreichten Raum zu verharren und zunächst auf jedes angriffsweise Vorgehen zu verzichten. Eine folgen-

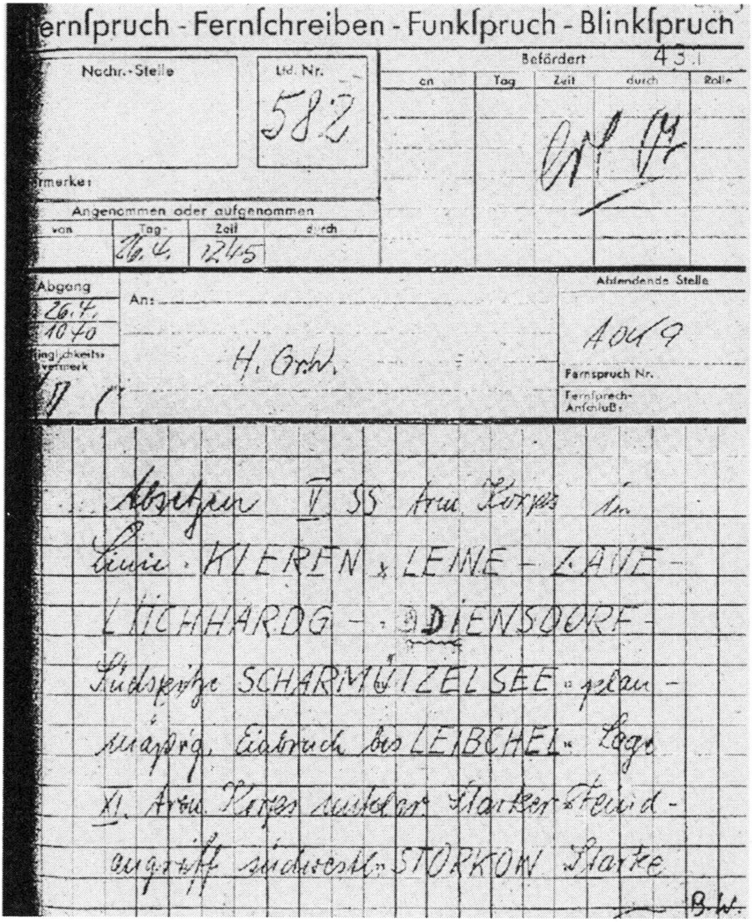
Fernspruch - Fernschreiben - Funkspruch - Blinkspruch

Nachr.-Stelle | Lfd. Nr. 582 | Befördert 43 | an | Tag | Zeit | durch | Rolle

Vermerke:

Angenommen oder aufgenommen | von | Tag 26.4. | Zeit 1245 | durch

Abgang 26.4. 1040 | Dringlichkeitsvermerk | An: H. Grh. | Absendende Stelle AOK 9 | Fernspruch Nr. | Fernsprech-Anschluß:

Absetzen V. SS Arm. Korps in Linie: KIEREN – LEWE – ZANE – LICHHARDG – DIENSDORF – Südspitze SCHARMÜTZELSEE planmäßig. Einbruch bis LEIBCHEL. Lage XI. Arm. Korps nach starker Feindangriff südwestl. STORKOW starke

B.W.

schwere Entscheidung, die die durchgebrochenen Kräfte hart traf. Einer der letzten vom AOK 9 überlieferten Funksprüche hatte um 22.30 Uhr gemeldet: »Durch laufende Luftangriffe im gesamten Armeebereich starke personelle und materielle Ausfälle sowie erhebliche Marschverzögerungen … Angriff V. AK Richtung Baruth mit Südgruppe aus Raum Schlepzig um 20.00 Uhr. Bei Teupitz und Märkisch Buchholz zur Zeit starke Feindangriffe. Nach Abwehr Antreten Nordgruppe aus Raum Teupitz – Märkisch Buchholz gegen 24.00 Uhr. Bei

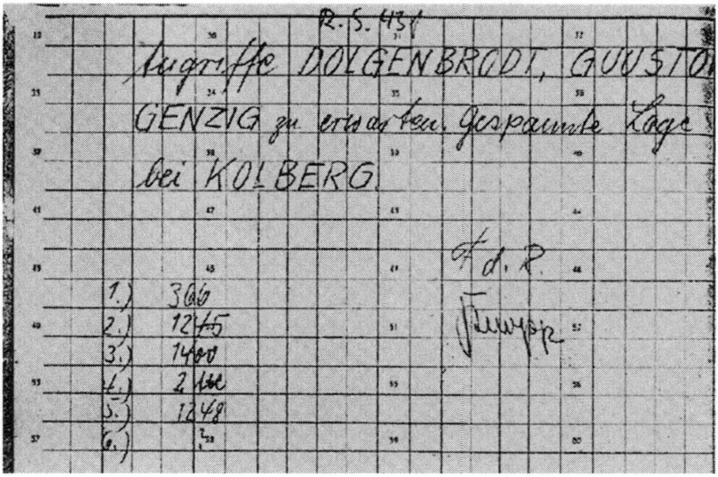

Angriffe DOLGENBRODT, GUUSTO[illegible]
GENZIG zu erwarten. Gespannte Lage
bei KOLBERG

F.d.R.

1.) [illegible]
2.) 1245
3.) 1400
4.) [illegible]
5.) 1248
6.)

Seite 90 und 91:
Lagemeldung der 9. Armee vom 26. April 1945
(Vorder- und Rückseite)

Südgruppe bisher Teilerfolg südlich Krausnick. 2 Brücken über Spree im Bau. Erster Eindruck: Feind verstärkt sich laufend. Armee an übriger Front Schwielochsee – Königs Wusterhausen mit Schwerpunkten Beeskow und nördlich Neugolm, Storkow, Zernsdorf in schwerem Abwehrkampf.«[12]

Nach Mitternacht vereinigten sich die Reste beider angetretenen Gruppen um Baruth und versuchten, in die Stadt einzudringen. Dafür bestimmte Trupps vernichteten eingegrabene Panzer. Zu besonders schweren Kämpfen kam es nördlich des Ortes. Da Baruth die wichtigen Straßen nach Luckenwalde und Jüterbog, d.h. nach Westen sperrte, waren die hier entbrannten Gefechte entscheidend. Einzelnen Gruppen gelang es, Mückendorf zu besetzen und in die Wälder um das Hammerfließ vorzudringen. Massiertes Feuer der überlegenen gegnerischen Artillerie verhinderte jeden weiteren Fortschritt der

12 BA-MA, RH 19 XV/10, Bl. 334.

vereinigten Kampfgruppen. Diese konnten die Verteidigung der 395. Schützendivision nicht überwinden. Gegenangriffe von zwei anderen Schützendivisionen in die linke Flanke der deutschen Kräfte zersplittertete sie und warf sie in den Wald nordostwärts Baruth zurück. Katastrophal wirkten sich die Luftangriffe des 4. Bombenfliegerkorps mit 55 Maschinen um die Mittagszeit gegen die deutsche Gruppierung im Raum Baruth aus. Zugleich führten die ständigen Angriffe des 1. und 2. Schlachtfliegerkorps mit acht bis zehn Flugzeugen und insgesamt 500 Einsätzen zu hohen Verlusten, Staus und Straßenverstopfungen.

Am Ende wurden die ausgebrochenen Kräfte, abgeschnitten und eingekesselt, zum großen Teil vernichtet. Nach sowjetischen Angaben gerieten bei diesem Ausbruchsversuch 5 000 Mann in Gefangenschaft, darunter Oberst von Luck, der sich mit wenigen Offizieren in den Kessel bei Halbe durchschlagen wollte. Die gegnerische Seite meldete 40 zerstörte Panzer und Sturmgeschütze sowie nahezu 200 Feldgeschütze und Granatwerfer.

Offensichtlich von der Stärke und Wucht des Angriffs überrascht, ergriff Konew eine Reihe weiterer Maßnahmen, um allen weiteren Eventualitäten vorzubeugen. Dazu gehörte ein Angriff zur Einengung des Kessels von Süd nach Nordwest in allgemeiner Richtung auf Münchehofe. Um die Einschließungsfront in der Richtung Märkisch Buchholz – Luckenwalde, besonders nördlich des Hammerfließ (Flemmingwiesen) und entlang der Autobahn zu verstärken, wurden weitere Kräfte herangeführt. Die 149. und 253. Schützendivision bezogen Stellung entlang der Autobahn von Terpt (vier Kilometer südlich Duben) bis Teupitz. Die 28. Armee besetzte mit drei Divisionen den Abschnitt Dornswalde – Lindenbrück unmittelbar hinter der Autobahn. Auch von den beiden Gardepanzerarmeen wurden Kräfte abgestellt. Von der 3. Gardepanzerarmee gingen die 71. mechanisierte Brigade, ein SfL-Regiment und eine Granatwerferabteilung im Abschnitt Rehagen – Neuhof am großen Wünsdorfer See mit Front nach Süden in

Stellung. Von der 4. Gardepanzerarmee übernahm die 68. selbständige Gardepanzerbrigade den Abschnitt Baruth – Kummersdorf mit Front nach Nordosten.

Auf diese Weise bestanden in einer Tiefe von 15 bis 20 Kilometern drei Verteidigungs- sowie Riegelstellungen. Die Konzentration von Panzerkräften an der Straße Baruth – Zossen bedeutete zugleich die Bereitstellung einer beweglichen Gruppe. Jeder weitere Ausbruchsversuch mußte von nun an für die eingeschlossenen deutschen Truppen schwieriger und komplizierter werden.

Selbstverständlich ließen die Kämpfe an den übrigen Fronten des Kessels auch nicht nach. Die 1. Belorussische Front konnte an verschiedenen Abschnitten zwischen 10 und 15 Kilometern Raum gewinnen. Vor allem am Nord- und Nordostabschnitt gelang es der 9. Armee nicht, das weitere Eindrücken des Kessels zu verhindern. Auf etwa 900 Quadratkilometern zusammengedrängt, verschlechterte sich die Lage der 9. Armee bei immer dürftiger werdender Versorgung.

Die Situation der eingeschlossenen Soldaten und Zivilisten wurde stündlich verzweifelter. Die Handlungsfreiheit der Truppen verengte sich immer mehr. Vom direkten Nachschub abgeschnitten, führten die Bestrebungen, die Versorgung auf dem Luftwege zu organisieren, noch weniger als in anderen Perioden des Krieges zum Erfolg. Die gegnerischen Jagdfliegerkräfte und die Truppenluftabwehr waren zu stark und die eigenen Transportfliegerkräfte zu schwach. Noch knapper als an der Oder waren Treibstoff und Munition.

Über die hilflosen Versuche der Eingeschlossenen und der Luftwaffe, die Versorgung zu sichern, vermitteln die erhaltenen Quellen einen beklemmenden Eindruck. Bereits am 25. April um 7.10 Uhr funkte die 9. Armee an die Heeresgruppe: »An Flivo. Platz Friedersdorf anfliegbar bisher keine Maschinen gelandet. Maschinen unbedingt starten lassen.« Wenig später, um 7.50 Uhr folgte eine Spruch mit folgendem Inhalt: »Armee von Luftversorgung in Stich gelassen trotz Landungsmöglichkeit und Befeuerung des Platzes. Erbitte dringend für

Straßenkreuzung in Kehrigk. Unweit des Dorfes befand sich der Behelfsabwurf- und Landeplatz der 9. Armee. Aufn. 1996

die Nacht zum 26. nach Raum Kehrigk. Platzangabe nach Koordinaten mit Sonderspruch folgt.« Um 18.50 Uhr desselben Tages meldete der Fliegerverbindungsoffizier (Flivo) der Heeresgruppe offensichtlich als Antwort: »5. Luftversorgungsflugzeug hat von 03.00 Uhr 30 Minuten um Flugplatz gekreist ohne irgendetwas von Feuer, Leuchtzeichen u. Landebahnen zu erkennen.« Wenige Stunden später teilte der Fliegerverbindungsoffizier mit: »Zunächst Versorgungsabwurf von 6 Flugzeugen an Südrand Platz beginnend nach Nord. Ob spätere Landung weiterer Flugzeuge noch zu riskant.«[13] Schließlich teilte die Quartiermeisterabteilung des Heeres der Heeresgruppe Weichsel am selben Tage mit, die Luftversorgung der

13 BA-MA, RH 19 XV/10, Bl. 296.

Ort des Behelfsabwurf- und Landeplatzes der 9. Armee. Aufn. 1996

9. Armee wäre mit 75 Tonnen angelaufen. Der hierfür vorbereitete Landeplatz befand sich nach einem Funkspruch des AOK 9 »zwischen Wegegabel Kehrigk – Großeichholz« etwa 1,8 Kilometer südwestlich Kehrigk, doch stellte sich der Begriff des »Anlaufens« als Euphemismus heraus, da bereits der erste Versuch, wie eine Meldung des Flivo deutlich macht, nicht zustande kam. Unabhängig von den Einzelheiten ist diesem Dokument zu entnehmen: »Der Verbandsführer ließ 5 Flugzeuge starten, von denen das erste 22.15 Uhr, das zweite 23.50 Uhr und das 3. – 5. etwa um 02. 00 Uhr hätten am Ziel sein müssen. Da mit sämtlichen Flugzeugen die Funkverbindung während des Anflugs bis Berlin verloren ging, nimmt der Verbandsführer an, daß sie durch Jäger oder Flak auf dem Anflug abgeschossen worden sind. Von einem Flugzeug liegt die

Meldung über Abschuß durch Feindjäger vor. Wegen des Abreißens der Funkverbindung und da die ersten Flugzeuge nicht zurückkehrten, stellte der Verbandsführer gegen 02.00 Uhr den weiteren Einsatz ein.«[14] Auch wenn in den nächsten Tagen sporadisch der eine oder andere Luftversorgungsflug noch erfolgreich verlief, fiel dies für die eingekesselten Truppen kaum mehr ins Gewicht.

Über diese Kämpfe meldete die Heeresgruppe Weichsel: »Gegen die eingeschlossene 9. Armee setzte der Feind von Osten und Norden seine starken von Panzern und Schlachtflugzeugen unterstützten Angriffe fort. Der nahezu vollständige Ausfall der Luftversorgung hat die Lage der tapfer kämpfenden Armee so verschärft, daß die erfolgreiche Durchführung der gestellten Aufgabe fraglich ist, falls die Versorgung in der heutigen Nacht nicht gelingt. Das zum Durchbruchsangriff nach Westen angesetzte V. Armeekorps hatte nach den letzten Funkmeldungen mit der rechten Angriffsgruppe Mückendorf erreicht. Die linke Angriffsgruppe war bis in den Wald nordostwärts Baruth vorgestoßen. In der Absicht, den Ausbruch der 9. Armee nach Westen zu vereiteln, führte der Feind auch hier stärkere Gegenangriffe. Er konnte vom Süden bei Försterei Massow und an der Autobahn den linken Angriffskeil durchbrechen und nördlich des rechten Angriffskeils in Teupitz eindringen. Der Oberbefehlshaber der 9. Armee, General Busse, meldet: Haltung und Kampf bis zum letzten für die 9. Armee selbstverständlich.«[15] Dennoch konnten diese Worte, die an ähnliche heroische Funksprüche hoher deutscher Offiziere im Verlaufe des Zweiten Weltkrieges erinnerten, das Scheitern des ersten Ausbruchsversuchs nicht verschleiern.

14 BA-MA, RH 19 XV/10, Bl. 296.
15 Ebenda, Bl. 413 f.

b) Zweiter Ausbruchsversuch

Am 27. April wurden die Versuche fortgesetzt, an mehreren Stellen die Einschließung zu durchbrechen. Kennzeichnend für die Lage, die immer verworrener wurde, ist der Umstand, dass bis heute nicht geklärt ist, wer die Angriffe vom 27. und 28. April geplant und befohlen hat. Von gegnerisch-sowjetischer Seite werden die Kämpfe jener Tage hervorgehoben und als wichtiger Versuch gewertet, durch wellenweise Angriffe den Durchbruch zu erzwingen, um so dem Kessel zu entrinnen.

Am 27. April erhielten die Generale Busse und Wenck von Generaloberst Jodl einen weiteren Befehl, der ausdrücklich verlangte, dass die »konzentrischen Angriffe der 9. und 12. Armee nicht nur der Rettung der 9. Armee, sondern vorwiegend der Rettung Berlins dienen müssen«. Hierzu sollte »XX. A. K. nach Erreichen Linie Beelitz – Ferch Angriff auf Löwenbruch – Stahnsdorf fortsetzen; 9. Armee über Trebbin nach Norden eindrehen, Verbindung mit 12. Armee herstellen und Rücken in Linie Luckenwalde – Baruth abdecken«.[16] Hieraus ist zu vermuten, dass das AOK von den folgenden Kämpfen Kenntnis hatte, inwieweit es jenen zweiten Ausbruchsversuch führungsseitig beherrschte, dürfte wohl kaum jemals festzustellen sein.

Im Kessel ließen die Verbindungen immer mehr nach. Ein deutscher Soldat notierte unter dem 27. April: »Das Gerücht geht um, wir brechen durch.«

Währenddessen meldete am Morgen des 27. die 9. Armee über Funk an die Heeresgruppe: »Bei V. A.K. Feindeinbrüche bei Märkisch Buchholz beseitigt. In Teupitz und Tornow Feind. Der Absetzbewegung des V. SS-Geb. A.K. in Linie Hartmannsdorf (bei Lübben) – Dürrenhofe – Kuschkow – Pretschen – Plattkow – Ahrensdorf – Südspitze Scharmützelsee drängte Gegner stark nach. Bei XI. SS-Pz.K. Einbruch

16 Förster/Lakowski, 1945, S. 342.

zwischen Großschauenersee und Langersee.« Das hieß bei einem Blick auf die Karte eine weitere Verengung des Kessels. Offensichtlich den Ernst der Lage deutlich vor Augen funkte die Heeresgruppe an die 12. Armee: »Angriffsspitze 9. Armee Mückendorf (no Baruth). Starke Gegenangriffe. Hilfe von Westen dringend erwünscht.«

Eine Bitte, der die 12. Armee nicht mehr nachzukommen in der Lage war. Aus einer im Archiv überlieferten Notiz eines Gespräches geht hervor, dass »Div. Scharnhorst« zu dieser Zeit »mit der Angriffsspitze bei Elsholz südwestlich Beelitz« stand. »Mit der Div. steht sie Heilstätte Beelitz (Stadtforst). Mit der 2. Gruppe Hutten Straßenkreuz nordwestlich davon und dann noch eine Gruppe bei Kargow? Es wird nachgeführt eine Brigade ... Körner schirmt bei Treuenbrietzen ab.« Die Kräfte der Armee konnten die gewonnene Stellung nur wenig verbessern und halten, für einen weitergehenden Vorstoß reichte die Kraft nicht mehr aus. Die 9. Armee mußte aktiv werden.

Erneut wurden in den Abend- und Nachtstunden des 27. April Kräfte am Westrand des Kessels zusammengezogen. Als entscheidende Stoß- und Feuerkraft sollten Panzer und Sturmgeschütze an der Spitze den Durchbruch erzwingen. Diesmal wurde der Angriff in Richtung Halbe – Kummersdorf geführt. Was niemand wusste, damit lenkte er die Truppen direkt in die vorbereiteten, tiefgestaffelten Verteidigungsstellungen der Sowjets, in einen sogenannten Verteidigungssack.

In den frühen Morgenstunden traten Panzer, Sturmgeschütze und Schützenpanzerwagen an verschiedenen Stellen gleichzeitig an. Westlich Teupitz entwickelten sich um die Ortschaft Zesch heftige Kämpfe. Nur einigen der Ausbruchsgruppen, feste Einheiten bestanden kaum noch, gelang es, bis zur dritten sowjetischen Stellung an der Straße Baruth – Zossen durchzustoßen, da die begonnene Umgruppierung beim Gegner, der 1. Ukrainischen Front, bereits Wirkung zeigte. Den gegen den Einschließungsring vorgehenden Soldaten ging es wie ihren Kameraden am Vortage. Ihre Angriffe wurden abgeriegelt, die

Forstamt Hammer.
Gefechtsstand der 9. Armee und Ort der letzten Lagebesprechung.
Aufn. 1996

Kampfgruppen zersplittert. Zum Teil erneut eingeschlossen, mussten sie hohe Verluste hinnehmen. Nur einer geringen Zahl gelang es, unerkannt in die umliegenden Wälder zu flüchten und sich dort zu verbergen.

Nach sowjetischen Meldungen verlor die 9. Armee allein bei diesem Durchbruchsversuch über 6 000 Mann an Gefangenen, 47 Panzer und Sturmgeschütze, 25 Schützenpanzer, 100 Geschütze und Granatwerfer sowie über 1 000 Kraftfahrzeuge. Es sei nochmals betont: Diese Zahlen betreffen nur einen Abschnitt.

Die Rückschläge an der Nord-, Ost- und Südfront waren für die 9. Armee schwerwiegend. An keinem Abschnitt des Kessels gelang es, das Vordringen der überlegenen sowjetischen Verbände zu stoppen. Die deutschen Truppen mussten dem

Waldweg von Hammer nach Halbe. Aufn. 1996

Angreifer immer mehr Raum überlassen und weitere Ortschaften aufgeben. So konnte der Abschnitt bei Groß Köris ebenso wenig gehalten werden wie die See-Engen bei Prieros, Storkow und Wendisch Rietz. Die dort gelegenen Stellungen der 32. SS-Pz.Gren.Div. »30. Januar« und der Pz.Gren.Div. »Kurmark« mußten aufgegeben werden. Ihren Rückzugsweg säumten zerstörte Fahrzeuge, die aus Treibstoffmangel zurückgelassen wurden, sowie gesprengte schwere Waffen.

In dem Buch von H. Spaethe heißt es über diese Tage: »Es geht jetzt nur noch darum, die Menschen aus dem sich immer mehr verengenden Kessel heil nach Südwesten herauszubekommen. Immer mehr Fahrzeuge, vermischt mit Pferdefahrzeugen der Flüchtlinge, Kolonnen über Kolonnen wälzen sich über die Waldwege auf Halbe zu, wo der Durchbruch erfolgen soll … Erst am Spätnachmittag des 27. April hört der Strom der Fahrzeuge allmählich auf, nur noch einzelne Kolonnen von hinten. Sonst nichts mehr, es scheint, als wenn die Masse nunmehr vor Halbe eingetroffen sei.«[17]

Am Südrand des Kessels bei Märkisch Buchholz, einem der wichtigen Verkehrsknoten, tobten erbitterte Kämpfe. Der Ort wechselte im Verlaufe des Tages mehrmals den Besitzer. Sowjetische Panzerkräfte drangen schließlich bis zur Linie Kuschkow – Schlepzig – Halbe – Löpten vor. Teupitz und das entscheidende Halbe wurden erneut von der gegnerischen Infanterie besetzt. Damit war der gesamte Ausbruchsabschnitt abgeriegelt.

Bis zum Abend hatten sich die übrig gebliebenen deutschen Einheiten der 9. Armee in das Innere des verbliebenen Kessels zurückgezogen. Die Forsten um Halbe und Märkisch Buchholz wurden die entscheidenden Sammelpunkte, sie glichen einem großen Heerlager.

Das Fragment von Tagebucheintragungen, bei einem später gefallenen Soldaten aus Hamburg gefunden, verzeichnet unter dem 27. April: »Nach einigen kurzen Aufzeichnungen, die ich in mein Tagebuch gemacht hatte, mußten wir weiter. Unsere Räder, der Kraftwagen, in welchem mehrere Verwundete lagen, alles wurde zurückgelassen, und wir verzogen uns rechts des Weges durch einen Wald.

Zu uns war ein größerer Haufen Versprengter gestoßen, und man erzählte uns: ›Im letzten Kessel wurde alles dem Iwan überlassen.‹ Fahrzeuge, Proviant, Munition, Verwundete und wer nicht mehr wollte, wurde als Gefangener dem Feind ausgeliefert. Wir zogen nach dem Norden, wir wollten nach Berlin. Unser Gang war aber schwerfällig, Durst und Hunger quälten uns, für einen Kampf reichte unsere Kraft nicht mehr aus.

Wir kamen nun noch in ein Sumpfgelände, dies nahm uns den Rest der Kraft. Der Leutnant vom Tage vorher und ein Hauptmann lagen am durchnäßten Boden, mit ihrer Kraft war es zu Ende. Der Hauptmann raffte sich auf, stellte sich gegen

17 H. Spaethe, a.a.O. S. 637 ff.

An diesem Punkt endete der »Rückzug« des ehemaligen Unteroffiziers Norbert Plewa. Er ging mit einigen Kameraden in Gefangenschaft und überlebte. Aufn. 1996

einen Baumstumpf und sagte: ›Kameraden, ich löse unsere Gruppe auf. Wer meint, er muß noch … schlage sich nach Berlin durch.‹

In dem Wirrwarr hatte ich Helmut wieder verloren. Mein Weg ging nicht mehr weit, bis zu einem Heuschober, der verlassen auf einer Wiese stand. Dahin verkroch ich mich und habe dort lange geschlafen, bis die Sonne sank. Der Schlaf hatte mich gestärkt, und als ich meine Augen öffnete, lagen bei mir ein Hauptmann mit neun Kameraden. Es waren alles Süddeutsche, sie wollten auch zur Heimat, nach Hause. Man hatte eine Karte, einen Marschkompaß und ich durfte mich ihnen anschließen. Sie wollten über die Elbe bei Wittenberg, und so war ich glücklich, daß ich erst einmal Menschen gefunden habe, die mit aus dem Bereich des Iwans wollten. Gegen … begann der Marsch, und wir zogen kreuz und quer. Es ging in

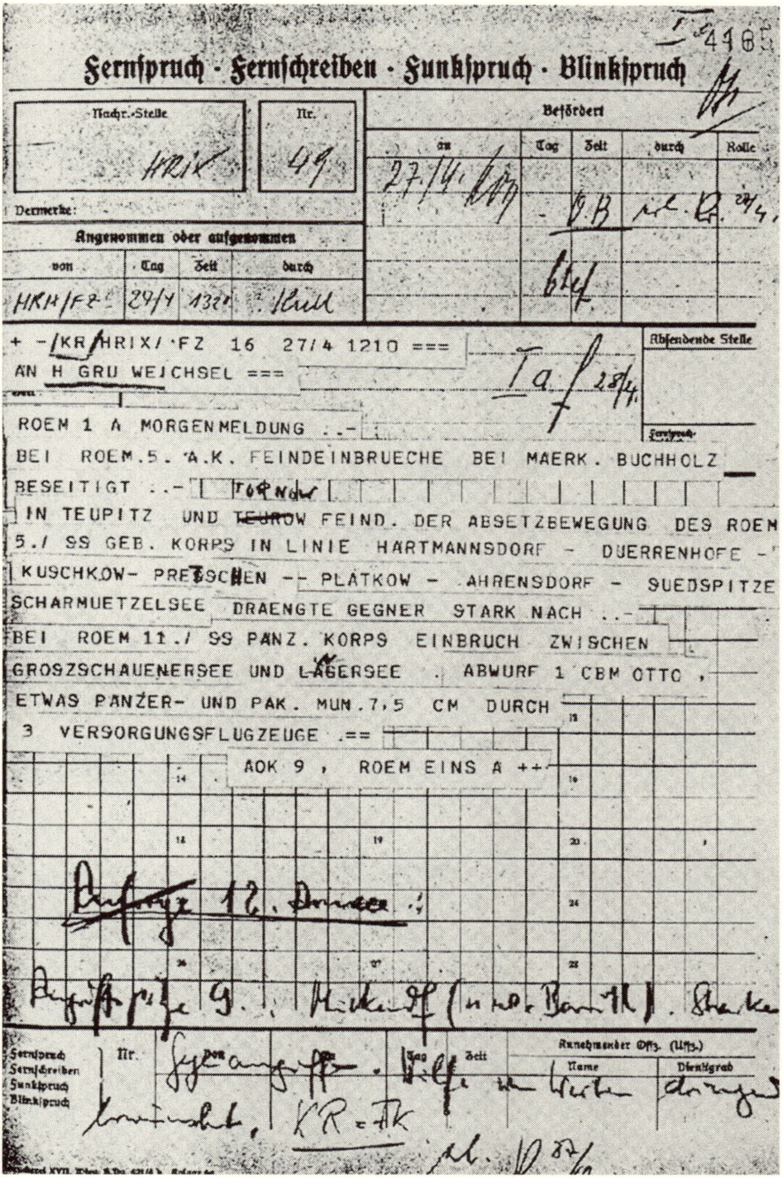

Fernspruch · Fernschreiben · Funkspruch · Blinkspruch

+ -KR/HRIX/ FZ 16 27/4 1210 ===
AN H GRU WEICHSEL ===

ROEM 1 A MORGENMELDUNG .-
BEI ROEM.5. A.K. FEINDEINBRUECHE BEI MAERK. BUCHHOLZ
BESEITIGT .-
IN TEUPITZ UND TEUROW FEIND. DER ABSETZBEWEGUNG DES ROEM
5./ SS GEB. KORPS IN LINIE HARTMANNSDORF - DUERRENHOFE -
KUSCHKOW- PRESSCHEN -- PLATKOW - AHRENSDORF - SUEDSPITZE
SCHARMUETZELSEE DRAENGTE GEGNER STARK NACH ..-
BEI ROEM 11./ SS PANZ. KORPS EINBRUCH ZWISCHEN
GROSZSCHAUENERSEE UND LAGERSEE . ABWURF 1 CBM OTTO ,
ETWAS PANZER- UND PAK. MUN.7,5 CM DURCH
3 VERSORGUNGSFLUGZEUGE .==
AOK 9 , ROEM EINS A ++

Lagemeldung der 9. Armee vom 27. April 1945

östlicher Richtung ... südlicher, westlicher und nördlicher ... Iwan war verstreut in diesem ... Die Wassergräben stillten uns den Durst, denn dieser quälte uns sehr.« Damit bricht das blutbefleckte, erschütternde Tagebuch ab.[18]

Vielleicht gehörte der Unbekannte zu einer der vielen Gruppen und Grüppchen der geschlagenen 9. Armee, die, vom Gros getrennt, voller Furcht vor der östlichen Gefangenschaft in den Wäldern umherirrten.

Der Kessel hatte sich im Verlaufe des 27. April nicht nur weiter verengt – am Abend waren es noch etwa 400 Quadratkilometer –, er wurde auch aufgesplittert. Durch einen Vorstoß von Truppen der 3. Armee der 1. Belorussischen Front im Raum Gräbendorf westlich Prieros bis Groß Köris und Prieros kam es zu einer Abspaltung von Teilen der 9. Armee. Dort eingesetzte Reste der bereits erwähnten 32. SS-Div., darunter auch Teile der SS-Panzerjägerabteilung 32 (Kampfgruppe Krauß), konnten das nicht verhindern.

Jahrzehnte später, 1977, schrieb Krauß darüber: »Im Raume südlich Berlin war die 9. Armee schon im großen Kessel von Berlin, der wiederum in mehrere kleinere Kessel aufgespalten war. Müllrose, Prieros usw. Der Kessel Prieros hatte etwa 16 bis 21 km Durchmessser ... In dem Kessel waren etwa 10 000 bis 14 000 deutsche Soldaten aller Waffengattungen und dazu an die 20 000 Zivilisten mit Viehherden, Einzelvieh, Hausgerät, mit Familien, Frauen mit Kindern, teils zu Fuß, teils mit bespannten Fahrzeugen, Handkarren. Dies alles unter andauerndem Ari-, Granatwerferbeschuß und Schlachtfliegerangriffen der Russen. Etwas trafen sie immer. Der Zustand im Kessel war grauenhaft. Soldaten, Zivilisten, Kinder, Frauen und Fahrzeuge bewegten sich im Kreise, um den Beschuß zu entgehen, wie ein tausendfüßiger Riesenwurm, sich selbst in den Schwanz beißend. Es erschossen sich Offiziere, Soldaten, Zivilisten mit ihren Familien, ganze Gruppen deutscher Men-

18 Abschrift im Besitz d. Vf.

schen. Erschüttert, fassungslos, hilflos stand ich diesem Geschehen gegenüber.«[19]

Außer dem zitierten Bericht von Krauß ist über diesen wie über die übrigen abgespaltenen Kessel wenig bekannt. Über den am Nordwestrand des übrig gebliebenen zentralen Kessels entstandenen Einschließungsring wird auch in der sowjetischen Literatur nichts ausgeführt.

In der Morgenmeldung an das OKH heißt es über die Ereignisse vom Vortag: »Durchbruchversuch mißglückt. Durch gepanzerte Angriffsspitzen mit wertvollsten Teilen gegen ausdrücklichen Befehl anscheinend nach Westen durchgebrochen oder vernichtet. Übrige Angriffsgruppe unter empfindlichen Verlusten zum Stehen gebracht, teilweise geworfen. Körperlicher und seelischer Zustand von Offizier und Mann sowie die Munitions- und Betriebsstofflage gestattet weder erneuten planmäßigen Durchbruchsangriff noch langes Durchhalten. Besonders belastend ist die erschütternde Not der im Kessel zusammengedrängten Zivilbevölkerung.

Nur durch die von sämtlichen Generalen getroffenen Maßnahmen ist es gelungen, die Haltung der Truppe bis jetzt zu gewährleisten.«[20]

Die erwähnten Funksprüche aus dem Bunker zur Reichskanzlei, die noch zu diesem Zeitpunkt von der 9. und 12. Armee die »Rettung Berlins« forderten, sind rational nicht mehr zu erfassen. Die Vorstellung Hitlers, mit einer zerschlagenen und einer unfertigen Armee der letzten Schlacht des Krieges auf deutschem Boden eine entscheidende Wende geben zu können, war eine reine Wahnvorstellung. Beide Generale, sich der Sinnlosigkeit und Undurchführbarkeit der Befehle aus dem »Führerhauptquartier« bewusst, ignorierten sie aufs Neue. General Busse hatte, wie er nach dem Krieg formulierte, den festen, wenn auch kaum noch durchführbaren Vorsatz, »möglichst alle verbliebenen Truppen dem Zugriff des

19 P. Krauß, Bericht über die Endkämpfe zwischen Oder und Elbe. Abschrift im Besitz d. Vf.

20 BA-MA, RH 19 XV/10, Bl. 393 f.

Forsthaus Halbe, wenige hundert Meter vor dem Bahnhof und dem Bahnübergang in Halbe. Aufn. 1996

Russen zu entziehen«. General Wenck, wie erwähnt ebenfalls die unrealistischen Befehle aus dem OKW ignorierend, beabsichtigte mit dem Angriff in Richtung Potsdam der ausbrechenden Armee entgegenzutreten, um sich dann an die Elbe zurückzuziehen und die Armee den Amerikanern zu übergeben.

Im Kessel bemühten sich vor allem die Kommandierenden Generale um ein erneutes Antreten, ein deutliches Anzeichen für die zentrifugalen Tendenzen der eingeschlossenen Armee. Ungeachtet der bisherigen Mißerfolge und der hohen Verluste wurde bereits für den Morgen des 28. April ein weiterer Ausbruchsversuch vorbereitet.

Aus sowjetischer Sicht begann der Kampf mit dem Angriff einer divisionsstarken Kampfgruppe, die von 20 Panzern unterstützt wurde. Sie ging im Abschnitt Löpten – Teurow vor, wo sich das 21. Schützenkorps der 3. Gardearmee und das

40. Schützenkorps der 3. Armee verteidigten. Hier sollte in einer Breite von etwa fünf Kilometern der Durchbruch an der Naht zwischen beiden Fronten erfolgen. Die Kämpfe dauerten Stunden. Wütende Nahkämpfe und heftigstes Feuer aller Waffen führten an keiner Stelle zum entscheidenden Einbruch, vom Durchbruch durch den ersten Verteidigungsstreifen im Bereich der Autobahn nicht zu reden. Den eingesetzten Kräften, Reste der 286., 275., 342. und 712. Infanteriedivision, der 35. SS-Polizeigrenadierdivision und eine Reihe selbständiger Einheiten, gelang es nicht, die wenigen geschlagenen Lücken offenzuhalten und Kräfte nachzuziehen.

Zu schweren Kämpfen kam es an diesem Tage erneut in Halbe, wo die Reste weiterer Divisionen zum Einsatz kamen. Möglich aber, es ist heute nicht mehr nachweisbar, dass vereinzelt kleinere Gruppen die Einschließung durchbrechen konnten, das Gros wurde jedoch unter hohen Verlusten zurückgeworfen. Bei den Truppen kam es verstärkt zu Auflösungserscheinungen, zu Flucht und Panik. Die Führung ging weiter verloren, viele Soldaten handelten auf eigene Faust.

Einen entscheidenden Anteil an dem sowjetischen Abwehrerfolg hatte zum wiederholten Male die südlich Halbe stehende Artilleriedurchbruchsdivision mit ihren 300 Rohren. Dieser Geschützmassierung konnten die eingeschlossenen Verbände nichts annähernd Gleichwertiges entgegensetzen.

In dem Abschnitt zwischen Löpten und Teurow verlor die 9. Armee an diesem Vormittag 3 000 Gefangene sowie 15 Panzer und über 60 Geschütze. Die Zahl der Toten und Verwundeten blieb auch diesmal unbekannt.

Gleichzeitig mit dem angriffsweisen Vorgehen zum Ausbruch gingen die Gefechte an allen übrigen Abschnitten des Einschließungsringes weiter. Ein Einwohner von Teupitz erinnerte sich an diese Tage: »Ich habe im Ersten Weltkrieg das Trommelfeuer in der Champagne erlebt, machte die Sommeschlacht mit und lag auch im zähen Ringen vor Verdun. – Aber was sich an diesen Kampftagen im Halber Kessel zutrug, stellte alles bisher Durchlebte in den Schatten. Mit der Präzision eines Uhrwerks rollte tagsüber bis in die Dunkelheit ein Bombengeschwader nach dem anderen heran, um seine todbringende Last in die großen Wälder um Halbe, Teupitz, Märkisch Buchholz und auf die mit Kolonnen vollgestopften Landstraßen abzuladen. Pausenlos fauchten die Raketengeschosse heran, zerhämmerten die Granaten der Geschütze die notdürftig ausgehobenen Stellungen der deutschen Truppen.«[21] Die abgekämpften und teilweise führungslosen Resteinheiten konnten die Front nirgendwo mehr halten. Bis zum Abend hatte sich der Kessel stark verkleinert, er erstreckte sich jetzt nur noch über ein Gebiet von etwa 10 mal 14 Kilometer, d.h. sechs Mal weniger als zu Beginn der Kämpfe im Kessel.

Nach späteren Angaben der Führung der 9. Armee soll der Kessel zu diesem Zeitpunkt sogar nur noch eine Ausdehnung von rund drei mal fünf Kilometer gehabt haben. Zur gleichen Zeit hätten sich in ihm noch 30 000 Soldaten und 10 000 bis 15 000 Zivilisten befunden. Eine eher unrealistische Zahl, die auch zu den Angaben über die Ausgebrochenen im Widerspruch steht. Es ist kaum wahrscheinlich, dass es der Forschung jemals gelingen wird, gesicherte Angaben hierüber zu erarbeiten. Fest steht jedoch, dass die Lage der Reste der 9. Armee und der 4. Panzerarmee zu diesem Zeitpunkt völlig hoffnungslos war.

c) Aus- und Durchbruch zur 12. Armee

Um die Mittagszeit des 28. April stand die deutsche Führung im Kessel endgültig vor der Alternative: Kapitulation und Gefangenschaft oder Ausbruch um jeden Preis. Sie wählte Letzteres.

Kapitulation und Gefangenschaft schloss, von wenigen Soldaten abgesehen, die Mehrheit aus. Diesbezügliche Flug-

21 W. Gang, Dokumente zur Ortschronik Halbe. Abschrift im Besitz d. Vf.

Bahnübergang und Bahnhof Halbe,
1945 ein Ort des Schreckens. Aufn. 1996

blätter, Lautsprecheraktionen und Verhandlungen mit Parlamentären und Zivilpersonen blieben fast ohne Wirkung. So zum Beispiel eine Flugblattaktion des NKFD im Raum Beeskow.

Der stetig wachsende Druck der vier den Einschließungsring bildenden sowjetischen Armeen ließ den Eingekesselten keine Pause. Die Zustände wurden immer chaotischer. Ständige Bewegung, kein Schlaf, kaum noch Verpflegung, verseuchtes Trinkwasser, unerhört hohe Verluste und Verwundete ohne ausreichende Versorgung ließen keinen Spielraum für irgendwelche Manöver. Das AOK 9 musste, soweit es überhaupt noch in der Lage dazu war, handeln oder es würde untergehen.

General Bernhard sagte hierüber nach seiner Gefangennahme am 29. April folgendes aus: »Der Befehl des deutschen Oberkommandos lautete: Halten bis zum letzten Soldaten. Unter allen Umständen sind die besetzten Abschnitte zu hal-

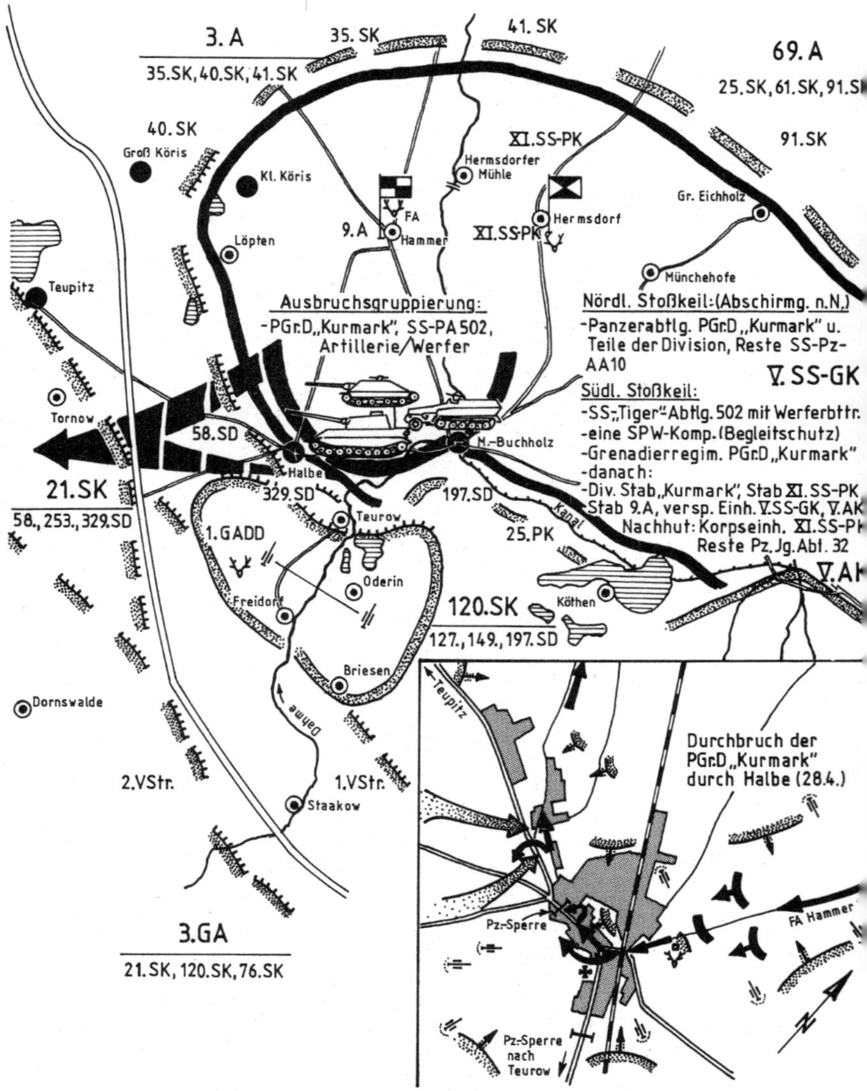

Deutsche Bereitstellung zum Ausbruch aus dem Kessel am 28.4.1945

Wenige Meter von der Bäckerei entfernt befand sich die Panzersperre am Westausgang von Halbe. Aufn. 1996

ten, und es sind keine Durchbruchsversuche zu unternehmen. Es war versprochen, durch Luftversorgung zu helfen. Aber es zeigte sich, daß das Oberkommando nicht in der Lage war, dies zu verwirklichen.

Am 28. April erkannte Busse den Verrat an der 9. Armee und schickte einen Funkspruch mit dem Inhalt: ›... es scheint, die 9. Armee ist bereits abgeschrieben ...‹ Und dann gab Busse den Befehl zum Durchbruch.

Die deutschen Verbände sollten in drei Gruppen nach Westen durchbrechen. Der Durchbruch war für den Abend des 28. April festgelegt. Den Weg für den Durchbruch der Panzer sollten die noch vorhandenen Panzer der Armee ebenen. Bei ihnen sollte auch der General Busse sein. Der geplante Durchbruch scheiterte. Der Hauptgrund, der Busse zum Entschluß für den Durchbruch veranlaßte, war ganz offensichtlich der Mangel an Munition zum weiteren Widerstand im Kessel. Am

28. war noch für zwei Tage Munition vorhanden. Es bestand absolut keine Hoffnung auf eine Versorgung aus der Luft.«[22]

Die ins Deutsche rückübersetzte Aussage von Generalleutnant Friedrich Bernhard läßt die Untergangsstimmung erkennen, in der sich selbst ein hoher Offizier am Ende der Kesselschlacht befand. Zugleich zeigt sich, wie wenig auch Führungspersönlichkeiten die Befehle Hitlers, die Pläne des Armeeoberfehlshabers und die tatsächliche Lage kannten.

Im Kessel war das AOK 9 im Forstamt Hammer, an der B 179 zwischen Märkisch Buchholz und Königs Wusterhausen gelegen, untergekommen. Am Nachmittag des 28. April fand hier die wohl letzte Lagebesprechung der 9. Armee statt. Um 15.00 Uhr meldeten sich die Kommandierenden Generale und Divisionskommandeure, soweit sie greifbar waren. Nach Erörterung der Lage wurde der Entschluss gefasst, einen letzten Ausbruchsversuch aus dem Kessel zu wagen und zur 12. Armee durchzubrechen. Zu den Kommandierenden Generalen des V. A.K. und des V. SS-Geb.A.K. bestand keine Verbindung mehr. Den Befehl zum Ausbruch bekamen allein die Reste des XI. SS-Pz.K. übertragen, da sie greifbar waren.

General Wenck hatte bereits am 26. April als Aufgabe des Vorstoßes seiner Armee die Schaffung günstiger Voraussetzungen für den Ausbruch der eingeschlossenen Kräfte und ihre Vereinigung mit der 12. Armee genannt. Er schloss seine Lagebesprechung mit den häufig zitierten Worten: »Wenn wir das geschafft haben, werden wir uns an die Elbe zurückziehen und unsere Armee den Amerikanern übergeben. – Das ist unsere letzte Aufgabe, die wir gegenüber unseren jungen Soldaten verantworten können.«

Bis zum Nachmittag des 28. April war es den Divisionen »Schill« und »Hutten« gelungen, bis in den Raum Ferch vorzudringen. In der rechten Flanke dieser Gruppierung tobten heftige Gefechte um das Autobahndreieck südlich Potsdam. Nur wenige Kilometer ostwärts standen die Divisionen

22 Siehe Anlage S. 178.

Straßenkreuzung in Halbe. Ob nach Teurow oder nach Teupitz, der Ausbruchsweg führte stets über Leichen. Aufn. 1996

»Scharnhorst« und »Körner« bei Beelitz im Kampf. Der Besitz dieses Raumes war Voraussetzung zur Aufnahme der 9. Armee. Hier, wo der Gegner noch verhältnismäßig schwach war, wollte die 12. Armee bis zum Durchbruch der Armee Busse warten. In einer Lageorientierung der 12. Armee hierüber heißt es: »Von Norden konnte Feind in Potsdam eindringen … Eigener Angriff drang mit rechtem Flügel weiter nach Osten vor, nahm Salzbrunn und Elsholz. Um Beelitz harter Kampf. Nördlich davon stehen Spitzen der Div. Scharnhorst am Eisenbahnkreuz 6 km nördlich Beelitz. Angriffspitzen der Div. Hutten haben Ferch genommen. Eigener Stoß entlang des Schwielowsee noch in der Nacht.«

Letzteres gelang nicht mehr. Die Potsdamer Besatzung unter General Reymann, etwa 20 000 Mann, brachen über den Schwielowsee zur 12. Armee durch. In dieser Lage wurde der 9. Armee der Vorschlag unterbreitet, ihre Durchbruchs-

Einer der zur Autobahn führenden Waldwege westlich Halbe. Aufn. 1996

bemühungen in Richtung des Raumes Beelitz zu konzentrieren, da hier die gegnerischen Kräfte relativ schwach und über ein größeres Gebiet verstreut seien. Da hier die einzige Chance für einen Erfolg bestünde, würde die 12. Armee gegen den sich bereits verstärkenden Druck die Aufnahmestellung für die 9. Armee so lange wie möglich zu halten versuchen.

Die Möglichkeiten der eingeschlossenen Truppen im Kessel waren viel zu begrenzt, als dass eine Wahl geblieben wäre. Die auf der Lagebesprechung im Forstamt Hammer anwesenden Offiziere stimmten darin überein, dass der Ausbruch sofort erfolgen müsse und nur von dem konzentrierten Einsatz der letzten gepanzerten Kräfte und der gesamten noch vorhandenen Artillerie zu erzielen sei. Das war nicht mehr viel, im wesentlichen die zusammengeschmolzene Pz. Gren. Div. »Kurmark«, die schwere SS-Panzerabteilung 502 und einige verbliebene Geschütze und Granatwerfer. Kein Teilnehmer an der Lagebesprechung konnte einen anderen Ausbruchsweg erkennen, als den über das von stärkeren sowjetischen Einheiten besetzte Halbe. Dieser nahezu unbekannte Ort bildete unter den gegebenen Bedingungen das Nadelöhr, das die gesamte Truppe passieren mußte.

Damit bedurfte es beim Gegner keiner großen Phantasie, um zu erraten, wo die nächsten Angriffe zu erwarten seien. Die Bewegungen ließen sich auch kaum tarnen. Erneut stand den abgekämpften Resteinheiten ein schwerer und verlustreicher Marsch durch die märkischen Forsten zwischen den Seen um Teupitz – Zossen im Norden und dem Hammerfließ (Flemmingwiesen) im Süden bevor. Bis zum Zusammentreffen mit der 12. Armee im Raum Beelitz konnte es Tage dauern.

Über den Gegner gab es keine Angaben. Niemand wusste etwas über seine Stellungen, die Zusammensetzung und Stärke der gegenüberliegenden Truppen sowie über konkrete Möglichkeit zur Führung von Gegenangriffen in die Tiefe des sich über 60 Kilometer erstreckenden Durchbruchsraumes. Die Aufklärung der Armee bestand de facto nicht mehr. Eigene Luftaufklärungsmittel fehlten, die Erkenntnisse außerhalb des Kessels gelangten dem AOK nicht zur Kenntnis.

Die Truppenführung im Bereich des Kessels war nahezu zusammengebrochen. An die Verwirklichung einer der militärischen Grundforderungen, dass vor allem bei schwierigen Kampfhandlungen und in Krisenlagen das Halten der Nachrichtenverbindungen eine Voraussetzung für die Führung des Kampfes ist, war überhaupt nicht zu denken. Es gab nur noch sporadische Funkkontakte zu vorgesetzten Führungsstellen und von denen zur Armee. Innerhalb des Kessels hatte das AOK nur gelegentliche Verbindungen zu den A.K. und Divisionen, diese konnten weder zur Armeeführung noch untereinander stabile Nachrichtenverbindungen aufbauen. Nicht zuletzt erschwerte das Fehlen von Kartenmaterial Führung und Einsatz der Truppe.

Ausbruchsweg in Richtung Autobahn bei Teurow. Aufn. 1996

Die Planung und Durchführung des Durchbruchs verlangten sofortige Entscheidungen, die nahezu blind und gegen alle Erfahrungen der Operationsführung erfolgten. Der Befehl für den Ausbruch war entsprechend allgemein gehalten und erging direkt nur an das greifbare Generalkommando des XI. SS-Pz.K.: »XI. SS-Panzerkorps schlägt Durchbruchslücke; 18.00 Uhr Antreten zum Ausbruch.«[23]

Der Gefechtsstand des XI. SS-Panzerkorps befand sich zu diesem Zeitpunkt in der nahe der Ortschaft Hermsdorf gelegenen Försterei Klein Hammer. In Ausführung des ihm gestellten Auftrages rief General Kleinheisterkamp seine unterstellten Führer, auch in diesem Falle soweit erreichbar, zur Befehlsausgabe zusammen. Die Spitze des Durchbruchs hatten die Reste der Panzergrenadierdivision »Kurmark« und der schwe-

23 Zu den folgenden Schilderungen vgl. Tieke, a.a.O.

ren SS-Panzerabteilung 502 zu übernehmen. Sie wurde in zwei Stoßkeile gegliedert:

1. Nördlicher Stoßkeil: Bestehend aus der Panzerabteilung von »Kurmark« und weiteren Teilen der Division.

2. Südlicher Stoßkeil: »Tiger«-Abteilung 502 mit unterstellter Werferbatterie, eine SPW-Kompanie, Reste einer Fahnenjunker-Kompanie als Begleitschutz gegen Panzernahbekämpfungsmittel. Schließlich die noch einsatzfähigen Teile eines Regiments der Pz. Gren. Division.

Hinter den südlichen Stoßkeil gliederten sich das AOK 9, das Generalkommando XI. SS-Panzerkorps und die Führung der Pz. Gren. Div. Kurmark ein. Die übrigen noch geführten Kräfte hatten nachzuziehen, der Rest der 21. Pz. Div. schirmte den Durchbruch nach Nordwesten und der der 32. SS-Gren. Div. nach Osten ab. Letztere bildete die Nachhut der Gruppierung. Das Artillerieregiment »Kurmark« und die übrigen schweren Waffen bekamen den Befehl, mit der noch vorhande-

Beiderseits der Straße Halbe – Teupitz erfolgte der Ausbruch über die Autobahn

nen Munition um 18.00 Uhr einen Feuerschlag auf Halbe zu führen. Danach sollte alles Gerät gesprengt werden. Es war der Befehl ergangen, nur die notwendigsten Kraftfahrzeuge mitzuführen, alle übrigen, deren Kraftstoff vorher leergetankt worden war, wurden zerstört.

Die materielle Stärke der Spitze war vermutlich gering, so hatte die schwere SS-Panzerabteilung 502 nur noch 14 »Tiger« im Einsatz. Auch personell waren die kampfbereiten, an der Spitze der Stoßkeile antretenden organisierten Einheiten den folgenden »Nichtkämpfern« an Zahl unterlegen. Dicht gedrängt sammelten sich hinter den »Kämpfern« Tausende von bewaffneten und unbewaffneten Soldaten, von Zivilisten, Verwundeten und Kranken. Das Wetter war an diesem Tage schlecht. Ein wolkenverhangener Himmel behinderte den Einsatz der Schlachtflieger, so dass deren Angriffe auf die Menschenansammlungen ausblieben.

Die verfügbare Artillerie bezog ostwärts Halbe Feuerstellung und eröffnete um 18.00 Uhr den geplanten Feuerschlag auf Ziele um und in dem kleinen Ort. Nach dem Verschuss der Munition wurden Geschütze und Werfer befehlsgemäß gesprengt, die Artilleristen gingen als Infanterie vor.

Die Wirkung des vorbereitenden Artilleriefeuers konnte der südliche Angriffskeil nicht nutzen. Die hohe Zahl der im Grunde führungslosen Soldaten verzögerte das Antreten bis 18.30 Uhr, so dass die gegnerische Seite vorbereitet war. Erst zu dieser Zeit begannen Panzer und Sturmgeschütze mit aufgegessener Infanterie auf der nach Halbe führenden Straße vorzugehen. Ihnen folgten die übrigen Fahrzeuge wie Jagdpanzer, Schützenpanzerwagen, Mannschaftstransportwagen, Kfz., Pkw und Sanitätsfahrzeuge. Am Straßenrand und zwischen den Fahrzeugen Soldaten, Volkssturmmänner und Zivilisten, das Strandgut des zu Ende gehenden Krieges.

Zunächst konnte sich die Menschenflut ohne Behinderung dem Ort nähern. Als die Spitze in der Abenddämmerung den Ortsrand von Halbe erreichte, wurde sie unter Feuer genommen. Gegen 21.00 Uhr rollten die Panzer nach kurzem Feuerwechsel in den Ort hinein. Bald war zu bemerken, dass der kurze Feuerüberfall von 18.00 Uhr die Stellungen und Feuernester der bei Halbe stehenden 329. Schützendivision des 21. Schützenkorps nicht entscheidend erschüttert hatte.

Hinter der Kreuzung an der Straße nach Teupitz stieß der Spitzenpanzer auf eine ursprünglich gegen sowjetische Panzer errichtete Panzersperre. Sie bestand aus zwei Reihen eingegrabener starker Kiefernstämme, die Zwischenräume waren mit Sand ausgefüllt. Die über die ganze Straßenbreite reichende Sperre bildete nun ein ernstzunehmendes Hindernis für das eigene Fortkommen. Durch den Halt staute sich die vorwärtsdrängende Menge. Ein Zeitzeuge, Führer eines Spitzenzuges berichtete: »Mit einem Mal bricht die Hölle los! Ringsum schlagen Granaten ein, nicht nur Sprenggranaten, auch Phosphorgranaten. Mit scheint, als habe der Russe durch Luftaufklärung längst den Durchbruch der 9. Armee erkannt und uns in Halbe in eine Falle gelockt. Alle Häuser um uns herum gehen nach Treffern in Flammen auf und erleuchten gespenstisch die Szenerie. Jetzt erkenne ich auch hinter der Panzersperre zwei russische Panzer … Die russische Abwehr wird aber immer stärker, und es scheint mir ein Selbstmord, die Sperre zu überfahren.«

Das gegnerische Feuer erschwerte jedes Manöver, die ersten beiden »Tiger« gingen verloren. Halbe wurde schließlich von den Panzern umgangen, die im Morgengrauen die Autobahn erreichten.

Der Ort selber, in den immer mehr Menschen und Fahrzeuge hineindrängten, war von drei Seiten umstellt. Auf ihn war das Feuer der Artilleriedurchbruchsdivision gerichtet. Sie hatte geplant, mit fünf Brigaden einen massierten Feuerschlag gegen den Durchbruchsabschnitt zu führen. Zunächst ein fünfminütiger Feuerschlag, dann zehn Minuten methodisches Feuer. Vorgesehen waren bei zentraler Führung ein Verschuß von 1 000 Granaten in der Minute.

In und um Halbe versuchten die unterschiedlichsten Gruppierungen, schon nicht mehr einheitlich geführt, die Stellun-

Der Ort Halbe mit den allgemeinen Durchbruchsrichtungen

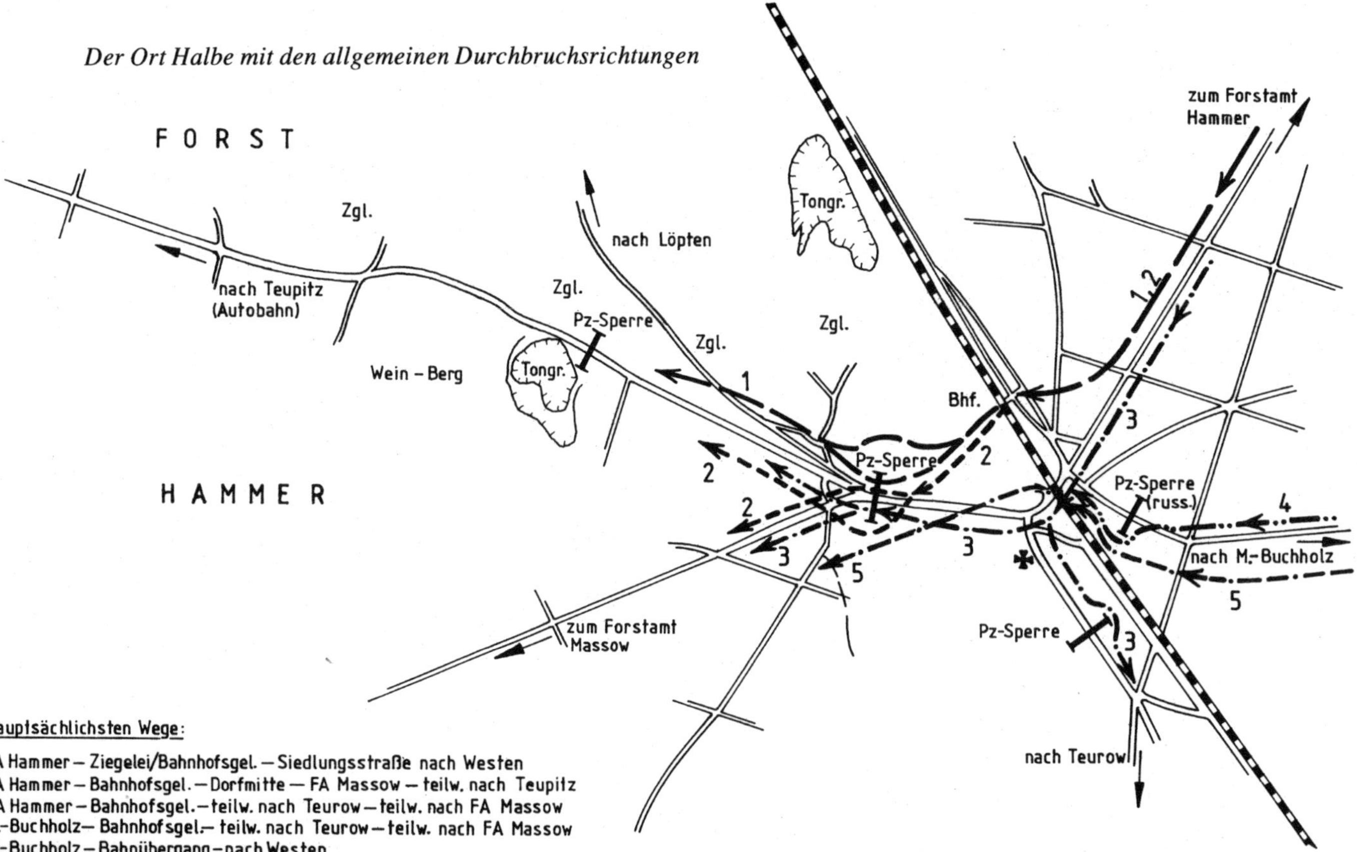

Die hauptsächlichsten Wege:

1. FA Hammer – Ziegelei/Bahnhofsgel. – Siedlungsstraße nach Westen
2. FA Hammer – Bahnhofsgel. – Dorfmitte – FA Massow – teilw. nach Teupitz
3. FA Hammer – Bahnhofsgel. – teilw. nach Teurow – teilw. nach FA Massow
4. M.-Buchholz – Bahnhofsgel. – teilw. nach Teurow – teilw. nach FA Massow
5. M.-Buchholz – Bahnübergang – nach Westen

gen der Roten Armee zu durchbrechen und in die schützenden Wälder zu gelangen. Teile der erwähnten Kampfgruppe Krauß, vermischt mit führungslosen Soldaten und Zivilisten, eroberten den Bahnhof von Halbe. Sie erreichten dann über einen Hohlweg den zunächst schützenden Wald. Die Toten und zurückgelassenen Verwundeten zählte niemand.

Eine zweite Panzersperre, wenige hundert Meter hinter der Kirche von Halbe in Richtung Teurow gelegen, versperrte einer weiteren Gruppe für Stunden das Vorwärtskommen. Der Weg von der Kirche, die von deutschen Do-Werfern zusammengeschossen worden war, bot nach übereinstimmenden Berichten Überlebender das gleiche grauenhafte Bild wie andere Durchbruchsabschnitte: übereinanderliegende Tote, von Panzerketten überfahrene Menschen, um Hilfe schreiende Verwundete. Zwischen Zivilisten und Soldaten gab es keinen Unterschied mehr.

Die wiederholten Angriffe deutscher Panzer hatten schließlich Erfolg. Die sowjetischen Sperrriegel konnten aufgebrochen und die Stellungen überrollt werden. Am Morgen des 29. April hatte eine unbekannte Zahl von Ausgebrochenen das erste Ziel, die Autobahn, erreicht. Damit war es einem Teil der im Kessel befindlichen Reste der 9. Armee gelungen, den sowjetischen Einschließungsring an der Naht zwischen beiden Fronten zu überwinden. Er konnte die Einbruchsstelle an der Autobahn für eine gewisse Zeit offenhalten und weiter in Richtung Dornswalde – Tornow vorstoßen.

Im Morgengrauen des 29. April sammelten sich die Überlebenden beim Forsthaus Massow, zwischen Tornow und Dornswalde im Forst Staaken gelegen. Unter ihnen der Oberbefehlshaber der 9. Armee, General Busse, und sein Nachrichtenoffizier. Das Ziel nicht erreicht hatten u.a. der Chef des Generalstabes der 9. Armee, General Hölz, und der Kommandierende General des XI. SS-Panzerkorps, Kleinheisterkamp. Die Namen der Übrigen, die das Ergebnis der blutigen Nacht von Halbe mit ihrem Leben bezahlten, blieben zum größten Teil unbekannt. Es waren nicht weniger als 4 000 bis 5 000 Menschen. Die Anzahl der Verwundeten, sterbend Liegengebliebenen und überlebenden Krüppel kennt bis heute niemand.

Nach notdürftigem Ordnen der zusammengeströmten Menschen und einer Lagebeurteilung sowie neuer Aufgabenverteilung brach die Gruppe erneut auf. Nächstes Ziel war das Forsthaus Wunder westlich der Straße Baruth – Zossen. Die übliche Reihenfolge war: gepanzerte Fahrzeuge mit den kampffähigen und -willigen Soldaten an der Spitze; es folgten die unterschiedlichsten Fahrzeuge mit Verwundeten, aber vielen Berichten nach auch mit Stabsoffizieren und ihrem Gepäck, und schließlich die einmal größer, dann wieder kleiner werdende Gruppe mitlaufender Soldaten und Zivilisten.

Hinter ihnen blieb eine Spur des Todes. In dem großen Kessel von Halbe und Märkisch Buchholz, der nun in eine Vielzahl kleinerer zerfiel, geriet der größte Teil der 9. Armee und der eingeschlossenen Divisionen der 4. Panzerarmee während der folgenden Tage in die Gefangenschaft der Roten Armee.

Den einschließenden Truppen der Roten Armee gelang es nicht, die geschlagene Bresche schnell genug wieder zu schließen, das Feuer der Artillerie und Panzer konnte den Angriff nicht zerschlagen. Erst der Einsatz der 71. mechanisierten Brigade aus dem Raum Wünsdorf, der 68. selbständigen Gardepanzerbrigade aus dem Raum Horstwalde und der 117. Gardeschützendivision aus Luckenwalde konnte die Ausbruchsgruppierung auf der allgemeinen Linie Kummersdorf – Sperenberg stoppen.

Im Verlaufe des 29. April wurde durch die angreifenden drei Armeen der 1. Belorussischen Front der verbliebene Kessel weiter eingeengt und der Ostteil beinahe liquidiert. Der Angriff erreichte die Linie Märkisch Buchholz – Halbe – Löpten – Hammer – Ostufer der Dahme.

Der Angriff der 3. Gardearmee der 1. Ukrainischen Front nach Nordwesten erreichte die Linie Märkisch Buchholz – Teurow.

Währenddessen gelang es der Gruppe um General Busse nach kurzem, heftigem Gefecht bei Dornswalde – Neuendorf, die Truppen des 21. Schützenkorps zu werfen. Der zweite Einschließungsring der 1. Ukrainischen Front war damit durchbrochen. Am späten Nachmittag gelangten die vorne marschierenden Panzer an die Straße Baruth – Zossen. Hier verlief der dritte Einschließungsring der 3. Gardearmee, die Linie, an der in der Nacht zum 26. April die Kampfgruppen Pipkorn und Luck gescheitert waren. Diesmal konnte westlich der Straße am Forsthaus Wunder ein Brückenkopf gebildet werden, durch eine etwa zwei Kilometer breite Bresche strömte die nach Westen drängende Gruppierung.

Nach kurzer Rast beim Forsthaus Wunder ging der Marsch in unterschiedlich starken Gruppen weiter, diesmal auf Horstwalde – Kummersdorf zu. In der Nacht erreichte die Ausbruchsgruppe den Artillerieschießplatz und nahm das Dorf sowie das Militärlager im Sturm. Eine nicht bestimmte Zahl von Soldaten verlor die Verbindung zum Gros und wurde nach Süden abgedrängt, eingeschlossen und gefangen genommen.

Durch das Vordringen der Schützen- und Panzertruppen von Osten und gegen die Flanken der Ausbruchsgruppierung war ein etwa zwei Kilometer breiter Schlauch entstanden, der von Halbe bis Mückendorf reichte. Mehrere divisionsstarke Angriffe spalteten die deutsche Gruppierung weiter auf, zunächst entstanden zwei Kessel. Das Vorgehen der 71. mechanisierten Brigade gegen Kummersdorf sowie Flankenschläge der 50. und 54. Gardeschützendivisionen gegen die bis hier vorgedrungenen deutschen Kräfte hatten die Enstehung eines dritten Kessels zur Folge.

Von einer einheitlichen Führung konnte nicht mehr gesprochen werden. Zur Bildung eines wandernden Kessels, wie nicht selten an der Ostfront geschehen, kam es daher nicht. Dennoch hatten die verzweifelt angreifenden deutschen Restverbände bis zum Abend des 29. April den bisher erfolgreichsten Ausbruchsversuch durchgestanden. Sie konnten drei Einschließungsstreifen überwinden und hatten rund 25 Kilometer, das war nahezu die Hälfte der Strecke bis Beelitz, zurückgelegt. Nicht verhindert werden konnte die erwähnte

Schwere sowjetische Artillerie in Feuerstellung. Frühjahr 1945

Aufspaltung in drei Gruppen: eine im Raum nördlich Märkisch Buchholz, die Hauptgruppe um Zesch – Dornswalde – Radeland und eine dritte Gruppe bei Klausdorf – Kummersdorf – Horstwalde, die mit der zweiten über einen sehr schmalen Schlauch verbunden war. Die fehlende einheitliche Führung war offensichtlich auch die Ursache dafür, dass es bei den verschiedenen Gruppen zu keinerlei bemerkenswerten Abwehrvorbereitungen gegen Überraschungsangriffe des Gegners kam.

Am 29. April musste auch der im Bunker der Reichskanzlei in Berlin ausharrende Diktator einsehen, dass das Ende unmittelbar bevorstand. Einen verzweifelten Ausbruchsplan General Weidlings ablehnend, ließ er gegen 23.00 Uhr den immer wieder zitierten Funkspruch an den außerhalb des Einschließungsringes um Berlin mehr umherirrenden als führenden Chef des Wehrmachtführungsstabes, General Jodl, absetzen:

»1. Wo stehen Wencks Angriffsspitzen?
2. Wann greifen sie wieder an?
3. Wo ist die 9. Armee ?
4. Wohin bricht die 9. Armee durch?
5. Wo stehen die Spitzen von Holstes XLI. Panzerkorps?«

Die Antwort kam vom Chef des OKW, der sich außerhalb des Berliner Kessels um so etwas wie die Schaffung einer einheitlichen Führung der in Richtung Elbe zurückflutenden Divisionen bemühte und sie zur Fortsetzung des Widerstandes gegen die Rote Armee zwingen wollte. Sie entsprach zwar nicht der ganzen schrecklichen Wahrheit, die der Generalfeldmarschall nicht sah oder nicht sehen wollte, doch war sie erschütternd genug. Am 30. April meldete er in die Reichskanzlei:

»Zu 1. Wencks Angriff ist südlich des Schwielow-Sees liegengeblieben. Starke russische Angriffe entlang der gesamten Ostflanke.

Zu 2. Als Folge kann die 12. Armee den Angriff in Richtung Berlin nicht fortsetzen.

Zu 3. und 4. Die 9. Armee ist eingeschlossen. Eine Panzergruppe ist nach Westen ausgebrochen. Standort unbekannt.

Zu 5. Korps Holste ist von Brandenburg über Rathenow nach Kremmen zur Defensive gezwungen.«

Das bittere Ende der Wehrmacht im Großraum Berlin nahte mit eiserner Konsequenz. Das alles überlagernde Ziel der sich in kleinere oder größere Gruppierungen auflösenden Wehrmachteinheiten war, die Elbelinie zu erreichen und damit der gefürchteten Gefangenschaft beim Ostgegner zu entgehen.

Auch die Angehörigen der Roten Armee hatten, betrachtet man sich den bei der 1. Ukrainischen Front besonders deutlichen Einsatz von Material und nicht von Menschen, die Absicht, das Kriegsende lebend zu erreichen. Auch Marschall Konew muss in der deutschen Ausbruchsgruppierung keine ernsthafte Gefahr mehr gesehen haben. Doch war ihr Überleben ein »Schönheitsfehler«, den es zu beseitigen galt.

Leichtes sowjetisches Artilleriegeschütz im Straßen- und Häuserkampf im Raum Berlin

Um ein weiteres Vordringen in Richtung Beelitz zu vereiteln, ließ er die 395. Schützendivision der 13. Armee aus dem Abschnitt Golßen – Baruth in den Raum Mückendorf verlegen. Ihre Aufgabe bestand in einem Angriff gegen die Durchgebrochenen in Richtung Sperenberg. Die 117. Schützendivision derselben Armee sollte in Richtung Kummersdorf angreifen, um einen Durchbruch auf Luckenwalde zu verhindern. Zur Sperrung des Weges nach Beelitz wurden die 63. Gardepanzerbrigade und das 7. Kradschützenregiment des 10. Gardepanzerkorps der 4. Gardepanzerarmee aus dem Raum Michendorf nach Trebbin verlegt. Hier sollten diese Kräfte den Verkehrsknoten kontrollieren. Als Sperre vor Luckenwalde wurde die 68. selbständige Gardepanzerbrigade befohlen.

Die 71. mechanisierte Brigade im Raum Sperenberg, die Stellung entlang der Bahnlinie Zossen – Kummersdorf bezo-

Verwundeter deutscher Soldat in den letzten Kriegstagen in den Straßen Berlins

gen hatte, erhielt Verstärkung durch zwei Regimenter der 61. Schützendivision der am Südrand von Berlin eingesetzten 28. Armee. Das 3. Gardeschützenkorps derselben Armee erhielt den Auftrag, mit einem doppelten Schlag, vom Abschnitt Lindenbrück – Zesch nach Süden und vom Abschnitt Radeland – Baruth nach Norden, die im Waldgebiet von Mückendorf befindlichen deutschen Truppen zu vernichten.

Damit hatte Konew seine verteidigenden Abschnitte verstärkt und zugleich Angriffshandlungen gegen die deutsche Gruppierung befohlen. Insgesamt stellte er hierfür 15 Regimenter/Brigaden mit ca. 150 Panzern und Selbstfahrlafetten und 1 000 Geschützen, Granatwerfern sowie Pak bereit.

Am 30. April ließ General Wenck einen Funkspruch an die 9. Armee mit dem Wortlaut absetzen: »12. Armee liegt im harten Abwehrkampf. Durchbruch ist zu beschleunigen. Wir warten auf Euch!« Eine klare Aufforderung zur Eile, seine Divisionen konnten ihre Stellungen nur noch unter größten Anstrengungen halten.

Nach den vorangegangenen Kämpfen benötigten die erschöpften Menschen eine Rast, die verschiedenen Kampfgruppen mussten sich zugleich erneut ordnen. Die Spitze des Durchbruchsangriffs bekam jetzt das V. A.K. übertragen, da nunmehr die Verbindung zum XI. SS-Pz.K. verloren war. Geführt wurde zu diesem Zeitpunkt bei den Eingeschlossenen viel weniger, als es General Busse in einem nach dem Krieg veröffentlichten Aufsatz wahrhaben wollte. Die Führung beschränkte sich, vergleicht man die unterschiedlichen Berichte und die spärlichen Quellen, im wesentlichen auf die – bildlich gesprochen – in Rufweite befindlichen Gruppen.

Gegen Abend begann der Angriff. Zu ersten schweren Kämpfen kam es an der Straße zwischen Trebbin – Luckenwalde und der dahinter liegenden Eisenbahnlinie. Es gelang, die sowjetischen Paksperren niederzukämpfen, die Verteidigung der 117. Schützendivision zu durchbrechen und die Nuthe-Niederung zu überwinden. Die deutschen Verluste sind auch hier nicht mehr feststellbar. Trupps gerieten in das

Sumpfgelände, Fahrzeuge blieben stecken und Verwundete in den zerschossenen Ortschaften oder im freien Gelände liegen.

Bis Mitternacht erreichte die Gruppierung um den Oberbefehlshaber der 9. Armee den Abschnitt Märtensmühle – Berkenbrück. In Berkenbrück konnte der Widerstand weiterer sowjetischer Truppen gebrochen und eine Paksperre bei Hennickendorf, an der Straße nach Beelitz, niedergekämpft werden. Der Gefechtslärm erreichte bereits die vordersten Stellungen der 12. Armee.

Zur gleichen Zeit, seit dem Morgen des 30. April, »säuberten« die 3., 69. und 33. Armee der 1. Belorussischen Front die Waldungen um Halbe von deutschen Truppen. Um 17.30 Uhr meldeten die eingesetzten Einheitsführer: »Handlungen zur Vernichtung von Einheiten des Kessels in diesem Raum beendet.« Daraufhin wurden die 3. und 69. Armee in das Gebiet nördlich und nordostwärts von Berlin verlegt. Die 33. Armee löste am folgenden Tag die 13. Armee der 1. Ukrainischen Front ab, die für die Prager Operation bereitgestellt wurde. Deutliche Anzeichen, dass der Kampf gegen die noch verbliebenen Resttruppen aus dem Kessel von Halbe für die Rote Armee nur noch eine untergeordnete Aufgabe war, die mit unterschiedlichem Erfolg ausgeführt wurde.

Die Teile von Konews Front, die in den Wäldern nördlich und nordwestlich von Staakow kämpften, waren gegen deutsche Restgruppen in diesem Gebiet relativ erfolgreich und standen am Abend des 30. April auf der Linie Zesch – Radeland.

Im Raum Baruth hatten die 28. Armee, die 50. und 96. Gardeschützendivision weniger Fortschritte erzielen können. Ihre Angriffe stießen nördlich der Niederungen des Hammerfließ auf stärkeren Widerstand und kamen nur bis zur Linie Radeland – Nordrand Baruth – Mückendorf voran. Ebenso stieß der Angriff der 395. Schützendivision (13. Armee) bei Kummersdorf auf starke deutsche Abwehr und konnte nicht weiter in das Waldgebiet eindringen. Vielleicht äußert sich auch hierin die Kriegsmüdigkeit des Siegers.

Um ein Vordringen der deutschen Gruppierungen nach Südwesten auf Luckenwalde zu verhindern, wurde die 28. Schützendivision von Jüterbog abgezogen und bekam den Auftrag, in Richtung Gottow – Schöneweide anzugreifen. Sie erreichte bis zum Abend die Linie Schönefeld – Gottow, konnte die ihr gestellte Aufgabe aber nicht gänzlich erfüllen.

Von Süden wurden die Restgruppen des Kessels von vier Divisionen bedrängt. Gleichzeitig gingen gegen sie von Norden vor allem gepanzerte Kräfte vor. Aus dem Raum südlich Trebbin – Klein Schulzendorf trat in Richtung Süden die 63. Gardepanzerbrigade an. In die gleiche Richtung griffen die 71. mechanisierte Brigade und die 61. Schützendivision (28. Armee) im Raum Sperenberg an. Auf diese Weise war die Straße Sperenberg – Trebbin durch starke gegnerische Kräfte für die deutsche Gruppierung gesperrt.

Die sowjetischen Angriffe hatten den Aufbau einer stabilen Abwehrfront beiderseits der Ausbruchsgruppierung zur Folge. Deren weitere Aufspaltung war nicht geglückt, auch nicht ein Abriegeln auf der Linie Lindenbrück – Baruth durch die 54. Gardeschützendivision. Ihr Vorgehen kam bereits an der Straße Baruth – Zossen zwischen Neuhof – Zesch zum Stehen.

Die Hauptgruppe des Restes der 9. Armee überstand den 30. April, wenn auch unter hohen Verlusten an Menschen und Material. Die die Hauptlast des Kampfes tragende 1. Ukrainische Front nahm nach ihren eigenen Angaben an diesem Tage über 20 000 Mann gefangen.

In der Nacht zum 1. Mai 1945 waren die Spitzen der Ausbruchsgruppe mit dem Oberbefehlshaber der 9. Armee etwa zehn Kilometer von den vordersten Stellungen der 12. Armee, konkret der Divisionen »Hutten« und »Scharnhorst«, entfernt.

Um auch diesen Teil der Kräfte von der Ostfront nicht entkommen zu lassen, befahl Marschall Konew die Umgruppierung der 4. Gardepanzerarmee. Truppen dieser Armee wurden in den Raum ostwärts Beelitz geworfen. Darunter Teile der 68. selbständigen Gardepanzerbrigade, das 7. Kradschützenregiment, die 71. leichte Artilleriebrigade, die 61. Gardepan-

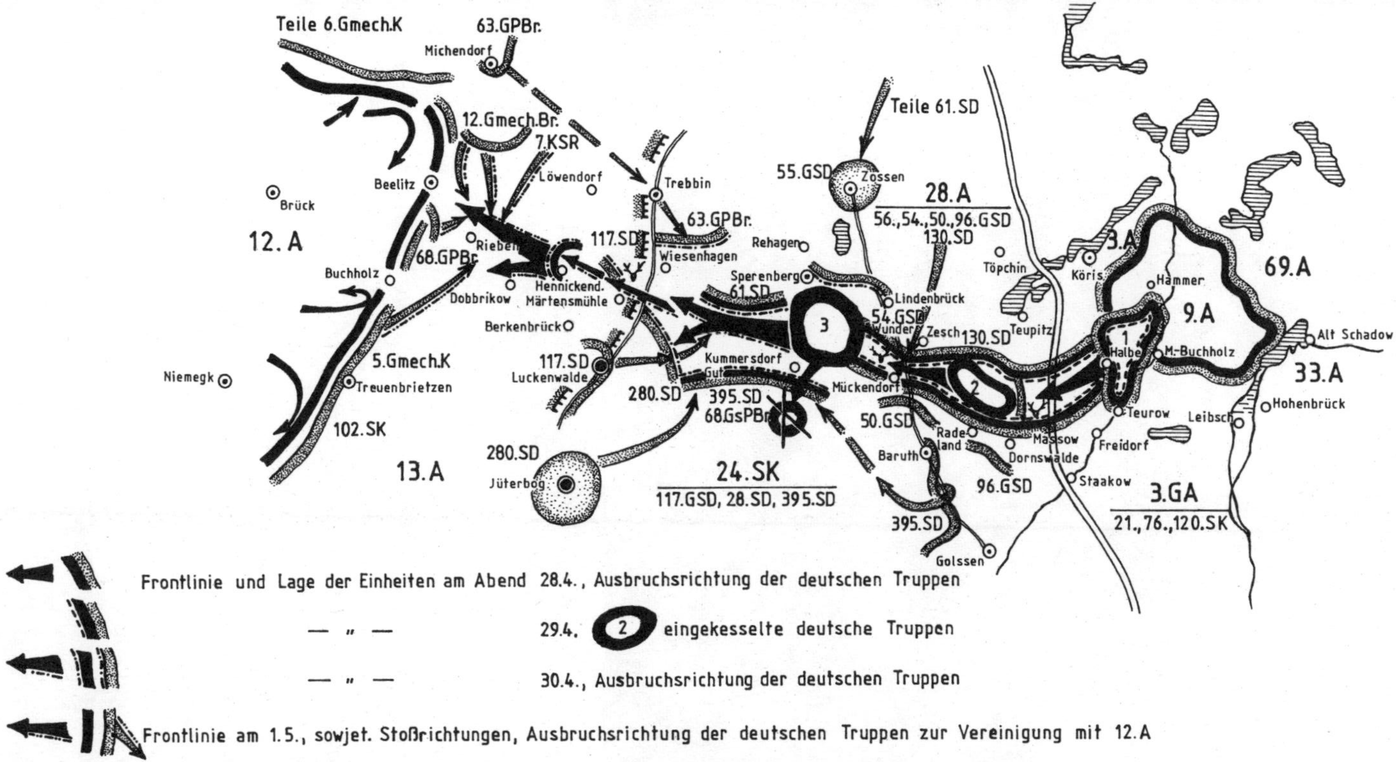

Ausbruch und Durchbruch zur 12. deutschen Armee (1.5.1945)

Autobahndreieck Potsdam (nahe Beelitz).
In diesem Raum gelangten die Überlebenden zur 12. Armee.
Aufn. 1996

zerbrigade des 10. Gardepanzerkorps, die 12. mechanisierte Gardebrigade des 5. mechanisierten Gardekorps sowie einzelne Korpstruppen. Diese beachtlichen Kräfte hatten den Auftrag, an der Straße Michendorf – Treuenbrietzen einen Sperr-Riegel zu errichten.

Um nicht noch in letzter Minute in den Wäldern unterzugehen, setzten sich die Soldaten nach Mitternacht in Bewegung. Über die Straße gelangend erhielten die abgekämpften Gruppen im Gebiet Zauchwitz – Dobbrikow – Rieben – Wittbrietzen gegnerisches Feuer aus allen Waffen. Nach der Erstürmung von Rieben ging es in Richtung Schönefeld, den Stellungen der 12. Armee entgegen. Auf einem rund drei Kilometer breiten Abschnitt zwischen Rieben und Zauchwitz ging die Flucht über Felder und durch Wald in nordwestliche Richtung.

Völlig erschöpft sollen 30 000 Menschen, darunter 5 000 Zivilisten, die Linien der Armee General Wencks erreicht haben.[24] Nochmals gerieten mehr als 13 000 Mann in Gefangenschaft, über 5 000 Tote blieben zurück, die Zahl der Verwundeten ist nicht bekannt. Der Zustand der Durchgebrochenen war derart desolat, dass das AOK 12 allen verfügbaren Raum zu ihrem Transport an die Elbe freimachte.

Andere Splittergruppen waren weniger glücklich. Bei Luckenwalde zerschlug die 117. Schützendivison eine deutsche Gruppierung von 5 000 Mann, von denen sich 4 500 schließlich ergaben.

Weitere Gruppen zerrieb die 3. Gardearmee ostwärts Staakow und ostwärts Kummersdorf die 28. Armee.

In den wenigen Stunden, in denen die 12. Armee ihre Stellung noch hielt, gelangten nur noch einzelne Soldaten und kleine Gruppen der ehemaligen 9. Armee zu ihren Linien.

Am 2. Mai meldete die 1. Ukrainische Front nach Moskau:

»1) Die Truppen der Front setzten am 01.05.45 an der rechten Flanke im Raum ostwärts, nördlich und nordwestlich Luckenwalde die Kämpfe zur endgültigen Vernichtung der in diesem Raum durchgebrochenen eingeschlossenen Teile der 9. Armee des Gegners fort.

Am Ausgang des 30.04.45 wurden die eingeschlossenen Teile der 9. Armee des Gegners mit einer Gesamtstärke bis zu 25 000 Mann in 3 Gruppen zersplittert und im Verlaufe des

24 K. Kollatz, Die Front an der Elbe. 1945 – Endkampf der 12. Armee vor den Toren Berlins, Rastatt 1975, S.65; Die Zahl der durchgebrochenen Soldaten und Zivilisten wird wohl nie geklärt werden können. Ohne eine eindeutige Quelle zu nennen werden in der Literatur sehr unterschiedliche Angaben gemacht. »40 000 Mann und einige Tausend Zivilisten«, nennt Busse (S. 168), Tieke spricht von 30 bis 40 000 und einigen Tausend Zivilisten (S. 345), Konew von »insgesamt kaum mehr als 3 000 bis 4 000 Mann« (S. 212) und bei Vorobejev heißt es: »Nur unbedeutenden, auseinandergerissenen Gruppen war es gelungen, durch die Wälder durchzusickern und nach Westen zu gelangen (S. 296).«

Ia 395

L a g e o r i e n t i e r u n g 12.Armee

Die Zurücknahme eigener Truppen zwischen Mulde und Elbe auf das Nordufer ist bis auf örtlichen Brückenkopf Koswig planmässig durchgeführt. Der Amerikaner fühlte über Gräfenhainichen nach Norden bis Wörlitz vor.

Aus Wittenberg und nördlich davon angreifender Feind in Grieben und Pilzig eingedrungen. Beiderseits Gross Marzehn angreifender Feind hat den Raum ostwärts Göritz erreicht. Im Raum Niemeck starke Bereitstellungen. Der Druck auf unsere Front westlich Treuenbrietzen hält an.

Der Feind im Angriff auf breiter Front im Abschnitt Kotzen bis Linum mit Schwerpunkten bei Kotzen, das verloren ging, Pessin, Königshorst und Linum.

Von Norden konnte Feind in Potsdam eindringen.

In Berlin setzte der Feind seine konzentrischen Angriffe planmässig fort, xxxxx Nördlich der Heerstrasse ging Charlottenburg verloren, Kämpfe am Halleschen Tor und Bel-Alliance Platz.

Eigener Angriff drang mit rechtem Flügel weiter nach Osten vor, nahm Salzbronn und Elsholz. Um Beelitz harter Kampf. Nördlich davon stehen Spitzen der Div. Scharnhorst am Eisenbahnkreuz 6 km nördlich Beelitz. Angriffsspitzen der Div. Hutten haben Ferch genommen. Eigener Stoss entlang des Schwielowsee noch in der Nacht.

Wenck

Verteiler:

O B

Chef

Ia

O 1 zugl.f.Ktb.

Der Punkt des weitesten Vordringens der 12. Armee ist erreicht

Tages vollständig zerschlagen und gefangengenommen. Einzelne Soldaten des Gegners werden in den Wäldern abgefangen. Im Verlaufe des Kampftages wurden durch die Truppen der Front insgesamt 18 500 Gefangene eingebracht, hauptsächlich aus der eingeschlossenen Gruppierung.

2) Die 3. Gardearmee führte im Verlaufe des Tages mit den Hauptkräften gemeinsam mit den Truppenteilen der 28. Armee Kämpfe zur Vernichtung des Gegners ostwärts Luckenwalde. Am Tagesausgang säuberte sie mit einem Teil der Kräfte den Wald ... Im Verlaufe des Kampfes wurden durch die Armee bis zu 9 000 Gefangene eingebracht und 58 Panzer, 100 Geschütze, 600 Kfz. erbeutet.

4. Gardepanzerarmee

Das 10. Gardepanzerkorps und das 5. mechanisierte Gardekorps ... Mit einem Teil der Kräfte führten sie Gefechte zur Vernichtung des eingeschlossenen Gegners südostwärts Beelitz, nördlich Luckenwalde. Im Verlaufe des Kampftages wurden bis zu 4 000 Gefangene eingebracht.

Die 13. Armee ... Mit vier Schützendivisionen führte sie Kämpfe zur Liquidierung des eingeschlossenen Gegners nordostwärts und nördlich Luckenwalde. Im Ergebnis der Kämpfe wurde der in diesem Raum eingeschlossene Gegner zerschlagen. Im Verlaufe des Kampftages wurden bis zu 4 500 Gefangene eingebracht.«[25]

Die Kämpfe in der bis dahin vom »Weltgeschehen« kaum berührten brandenburgischen Region waren beendet.

25 Die Zahlen der Toten und Gefangenen beruhen ausschließlich auf sowjetischen Angaben, u.a. Vorobejev, a.a.O. S. 296. Deutsche Zahlen gibt es hierüber nicht.

V.
Bilanz

Der Todeskampf der 9. Armee endete am 2. Mai 1945. Es hatte sieben Tage gedauert, ehe es einem Rest der Truppe gelungen war, aus dem Kessel bei Halbe aus- und zur 12. Armee durchzubrechen.

Würde man Operationen in einem Krieg rein militärisch betrachten, war dies ein erstaunliches Ergebnis. Gegen überlegene Kräfte, von sowjetischer Seite operierten sechs allgemeine Armeen, Teile zweier Panzerzerarmeen, Teile zweier Luftarmeen sowie Infanterie-, Panzer- und Artillerietruppen aus der Reserve, konnten sich die Hauptkräfte im Kessel behaupten. Der Roten Armee gelang es nicht, den Halbe-Kessel zu zerschlagen, der Ausbruch konnte nicht verhindert werden, ebenso wenig der Durchbruch und die Vereinigung mit der 12. Armee.

Die eigentlich geschlagene Armee hatte es vermocht, sich im Schutz der märkischen Wälder den Weg durch die Einschließung und die Stellungen der Roten Armee freizukämpfen. Damit war sie folgender Forderung der Truppenführung gerecht geworden: »Der Schwächere kann durch Schnelligkeit, Beweglichkeit, größere Marschleistung, Ausnutzung der Nacht und des Geländes, Überraschung und Täuschung an der entscheidenden Stelle der Stärkere sein.«[1] Der die gegneri-

1 Heeresdienstvorschrift 300/1, Truppenführung, I. Teil, Berlin 1936.

Das Ende vieler in den märkischen Wäldern

schen Kräfte führende Marschall hat dieser soldatisch-militärischen Leistung seine Aufmerksamkeit erwiesen: »Immerhin zeigten diese Kämpfe, daß 200 000 Soldaten eine ernst zu nehmende Kraft sind, besonders dann, wenn sie sich mit dem Mute der Verzweiflung durchzuschlagen versuchen … die 9. Armee (operierte) beim Ausbruch energisch, kühn und ohne Rücksicht auf Verluste. Dadurch bereitete sie uns noch in den letzten Kriegstagen erhebliche Schwierigkeiten.«[2]

Nach sowjetischen Angaben, deutsche sind auch in diesem Falle nicht vorhanden, hinterließen die Kämpfe im Südosten Berlins 60 000 Tote, 120 000 Mann sollen danach den schweren Weg in die Gefangenschaft gegangen sein, darunter sieben Generäle. Die gesamte Ausrüstung und Technik der Armee gingen verloren.

Über die Verluste der Roten Armee in den Kämpfen zur Zerschlagung des Halbe-Kessels gibt es gegenwärtig keine Angaben. Doch verlor die 1. Ukrainische Front während der Operation vom 16. April bis zum 8. Mai 113 825 Mann, die 1. Belorussische Front auf brandenburgischem Gebiet und in den Straßen Berlins im gleichen Zeitraum 179 490 Soldaten.

Die genannten Zahlen machen deutlich, dass das Drama um Halbe nur eine der Tragödien während des Endkampfes zwischen Oder und Elbe war. Obwohl die Würfel längst gefallen waren, wurden von den Soldaten noch einmal alle Energien gefordert. Durch ihre Standhaftigkeit konnte die Lebensdauer eines der schlimmsten diktatorischen Regime um Tage und Stunden verlängert werden.

Seit Clausewitz wissen wir, dass Krieg und Politik zusammenhängen. Halbe und die anderen Schlachten auf deutschem Boden im Jahre 1945 sollten nur in diesem Kontext gesehen werden. Aus diesem Grund genügt eine rein militärische Betrachtungsweise nicht.

Die vielen Toten, die zerstörten Ortschaften und das geschundene Land, in dem die märkische Heide die Spuren der

2 I. S. Konew, Das Jahr fünfundvierzig, Berlin 1969, S. 212 f.

Kämpfe nur mühsam zu bedecken vermochte, stellen die Kriegs- und Nachkriegsgenerationen immer wieder vor die Frage nach dem Sinn und der Verantwortung für das letzte Drama um Halbe, für den Todeskampf einer Armee. Die Antworten hierauf fallen so verschieden aus, wie die Überlebenden das traumatische Geschehen erfahren und verarbeitet haben und wie die Spätergeborenen in der Lage sind, Geschichte zu reflektieren.

Soldatengrab mit identifiziertem Gefallenen, eine Ausnahme im Raum des Kessels

Epilog

Halbe – Waldfriedhof

Die Dubrow, eine märkische Landschaft am Rande des Weltgeschehens. Halbe, eine Ortschaft, gelegen in einer Umgebung für Liebhaber der rauen Schönheit der Mark Brandenburg. Die Gegend wurde von dem häufig zitierten »Atem der Weltgeschichte« nur einmal gestreift und war für alle Zeiten gezeichnet. Wer heute Halbe sagt, meint in erster Linie den größten Soldatenfriedhof im Ostteil unseres Landes.

Er hat inzwischen, mehr als fünfzig Jahre nach Kriegsende, seine eigene Geschichte. Darüber ist an berufener Stelle geschrieben worden, doch kann man nicht über die Kessel-Schlacht reden, ohne hierauf einzugehen.[1]

Als Anfang Mai 1945 die Waffen bei Halbe und Beelitz schwiegen, boten viele Orte und die sie umgebende Landschaft ein Bild des Grauens und der Verwüstung. Nicht gezählte Tote, Hunderte verendete Pferde neben zerstörter und ausgebrannter Kampftechnik, zerschlagene Feuerstellungen, verlassene Unterstände und Gräben, hin und wieder noch qualmende Fahrzeugtrümmer. Und Leichen, überall Leichen, einzeln und im Haufen, so wie sie gefallen waren. Zwischen den Uniformen aller Wehrmachtteile und Waffengattungen Zivilisten – Kinder, Frauen, Greise, Fremdarbeiter. In den warmen

1 H. Pietsch u.a., Nun hängen die Schreie mir an …, Halbe. Ein Friedhof und seine Toten, Berlin 1995.

Waldfriedhof Halbe 1996

Stilles Gedenken auf dem Halber Soldatenfriedhof

Anläßlich des 50. Jahrestages der Wiederkehr des Kriegsendes gedachte man der Toten auf dem Halber Waldfriedhof

Opfer der Nachkriegsjahre auf dem Waldfriedhof in Halbe

Frühlingstagen breitete sich der Geruch von Verwesung über die Landschaft aus.

Um der drohenden Seuchengefahr zu begegnen, wurden von der langsam wieder arbeitenden zivilen Verwaltung auf Befehl der Besatzungsmacht die Bergung der Toten und ihr notdürftiges Begraben in Angriff genommen. Die gebliebenen und langsam zurückkehrenden Einwohner, vor allem Frauen und alte Männer, denn der überwiegende Teil der männlichen deutschen Bevölkerung befand sich zu diesem Zeitpunkt in irgendeiner Form des Gewahrsams der Siegermächte, machten sich an die aufopferungsvolle und schwere Arbeit. Häufig ohne Werkzeug hoben sie mühsam Gruben aus. Wo dies nicht ging, bildeten die Schützenlöcher und Stellungen der Gefallenen auch ihre letzte Ruhestätte. An Wegen und Straßenrändern entstanden Einzel- und Massengräber, oft durch einfache namenlose Holzkreuze gekennzeichnet.

Würde man für jeden der vermutlich 60 000 Toten jeweils ein Kreuz auf dem 60 Kilometer langen Ausbruchsweg der 9. Armee errichten, so stünde von Märkisch Buchholz bis Beelitz auf jedem Meter ein solches Erinnerungszeichen.

Vor allem um Halbe befanden sich überall, ob auf Waldlichtungen, an Straßenrändern oder in Gärten Gräber. Rachegefühle der Sieger, ideologische Vorbehalte und die Angst vor Seuchen zwangen zur Eile. So wurde in den meisten Fällen, auch wenn dies noch möglich gewesen wäre, die Identifizierung der Toten verhindert. Im Jahre 1951 begann das Land Brandenburg unter der Verantwortung des Gemeindepfarrers Ernst Teichmann die Umbettung der Toten auf einen Zentralfriedhof.

Der Waldfriedhof von Halbe ist einer der größten Kriegsgräberstätten des Zweiten Weltkrieges. Angehörige der bewaffneten Formationen des Dritten Reiches, deutsche Zivilisten, Opfer der Wehrmachtjustiz, Zwangsarbeiterinnen und Zwangsarbeiter sowie etwa 4 500 Insassen des sowjetischen Internierungslagers Ketschendorf – insgesamt haben hier mehr als 22 000 Menschen ihre letzte Ruhestätte gefunden.

Anhang

1. Truppengliederung und Dokumente

Die veröffentlichten Dokumente und Berichte sind chronologisch geordnet. Solche ohne genaues Datum wurden entsprechend dem Ereignis, über das sie berichten, eingefügt. Auf die Wiedergabe von Dokumentenköpfen, Verteiler, Aktenzeichen usw. wurde verzichtet. Die Überschriften enthalten Angaben über die Art des Dokuments/Berichts, den Verfasser und den Empfänger sowie über deren damalige Funktion, das Datum der Abfassung oder des betreffenden Ereignisses. Kürzungen sind / ... / gekennzeichnet. Der Quellennachweis ist jeweils am Ende des Dokuments vermerkt.

An der Kesselschlacht von Halbe waren beteiligt:

Heeresgruppe Weichsel

Stand Anfang April 1945. Eine eindeutige Gliederung kann nicht aufgestellt werden, da Dokumente hierzu fehlen, Unterstellungen und Einheitsbezeichnungen häufig wechselten. Vorhanden ist eine Karte für die 9. Armee vom 15. April 1945, die die im OKH bekannte Lage wiedergibt. Sie bildet neben weiteren Dokumenten und der Literatur die Basis für die folgende Aufstellung.

OB.: Generaloberst Gotthardt Heinrici (seit 21.3.1945)
Chef des Stabes: Generalleutnant Eberhard Kinzel (seit 21.3.1945)

9. ARMEE
(unter Benutzung der Lagekarte vom 15.4.1945)
OB.: General der Infanterie Theodor Busse
Chef des Stabes: Generalmajor Johannes Hölz

23. Flak-Div.:

W.-SS Pz.Abt. 502
Fkl Pz.Abt. 303

StuG(l)Brig. 111

Jg.Pz.Kp. 1129

Pz.Jg.Abt. 2

XI. SS-Pz.K.
K.G.: SS-OberGrf. u. Gen. der Waffen-SS Matthias Kleinheisterkamp
Stabschef: Oberst i.G. Giese

Pz.Gren.Div. Kurmark:
Kdr.: Gen.Mj. Willy Langkeit
Ia: Major i.G. Gerhard Dittmar

Pz.Füs.Rgt. »Kurmark«, Pz.Gren.Rgt. 1 »Kurmark«, Pz.Gren.Rgt. 2 »Kurmark«, Pz.Rgt. »Kurmark« (2 Abt., 3 Kp.Jgd.Pz. 38) Hierzu Abweichungen bei Tessin. Pi.Btl., Nachr.Kp., Heeres-Flak-Bttr., Vers. Einheit »Kurmark«.

schwere SS-Pz.Abt. 502:
Kdr.: SS-Sturmbannfhr. Kurt Hartrampf

303. I.D. »Döberitz«:
Kdr.: Generalleutnant Dr. Rudolf Hübner
Ia: Oberstltnt. i.G. Kurt-Heinz Geitner

300., 301. und 302 Gren.Rgt., 303. Füs.Btl., 303. Art.Rgt., Nachr. Abt. 303

169. I.D.:
Kdr.: Generalleutnant Georg Radziej
Ia: Oberstltnt. i.G. Helmut Schuon

378., 379. und 392. Gren.Rgt., Füs.Btl. 230, Art.Rgt. 230

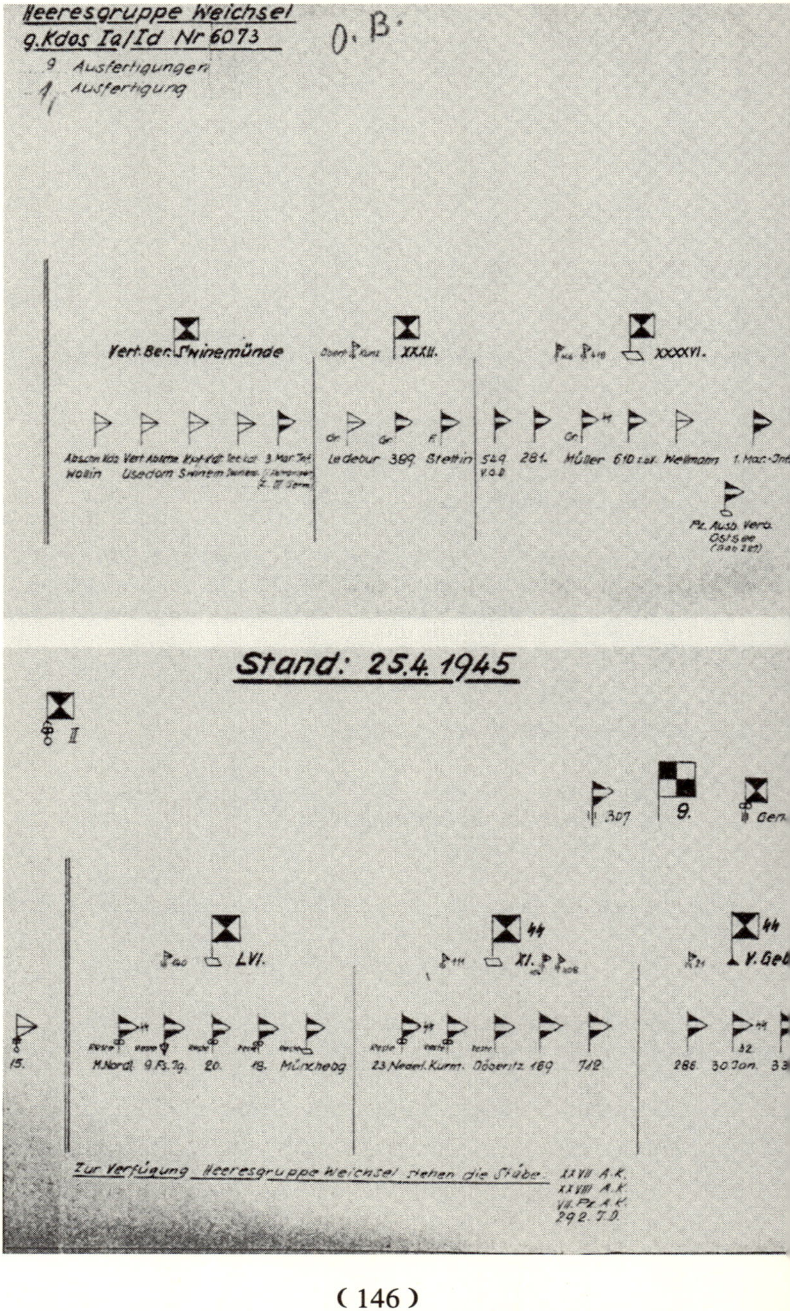
Heeresgruppe Weichsel
g.Kdos Ia/Id Nr 6073
O. B.
9 Ausfertigungen
1. Ausfertigung
Vert.Ber. Swinemünde
XXXII.
XXXXVI.
Abschn.Kdo Wollin
Vert.Abschn. Usedom
Swinemünde
Ledebur
389.
Stettin
549 V.G.D.
281.
Müller
610 z.b.V.
Wellmann
Pz.Ausb.Verb. Ostsee
Stand: 25.4.1945
II
307
9.
LVI.
XI.
V.Geb
15.
M.Nordl.
9.Fs.Jg.
20.
18.
Müncheberg
23.Nederl.
Kurm.
Döberitz
169
712
286.
30.Jan.
Zur Verfügung Heeresgruppe Weichsel stehen die Stäbe:
XXVII A.K.
XXVIII A.K.
VII.Pz.A.K.
292. I.D.

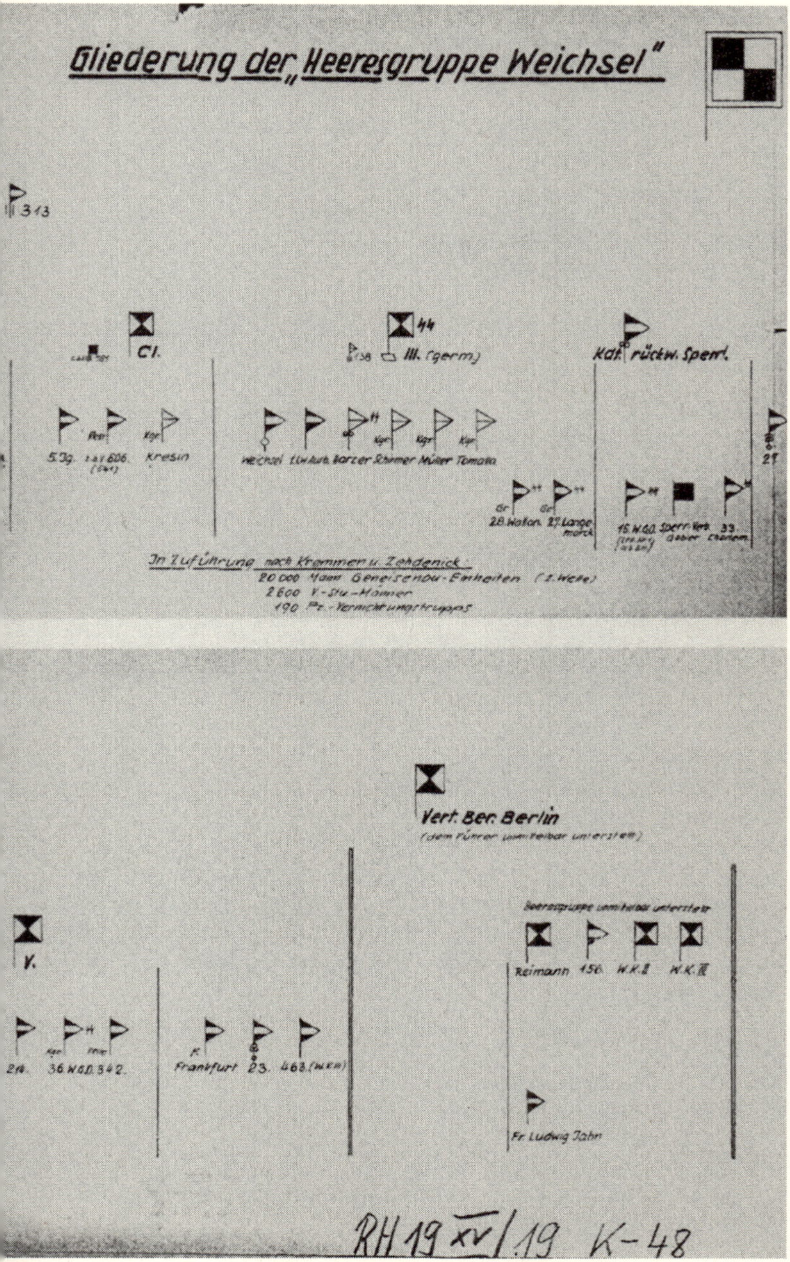
Gliederung der „Heeresgruppe Weichsel"
313
CI.
III. (germ.)
Kdt. rückw. Sperrl.
5. Jg.
Kresin
Weichsel
Barzer
Schimmer
Müller
Tomalla
28. Wallon.
27. Langemarck
15. W.G.D.
Sperr-Verb.
33.
27
In Zuführung nach Krammen u. Zehdenick:
20.000 Mann Gneisenau-Einheiten (1. Welle)
2.600 V.-Stu-Männer
190 Pz.-Vernichtungstrupps
Vert. Ber. Berlin
(dem Führer unmittelbar unterstellt)
Heeresgruppe unmittelbar unterstellt
Reimann
156.
W.K. II
W.K. III
V.
214.
36. W.G.D.
342.
Frankfurt
23.
463.
Fr. Ludwig Jahn
RH 19 XV / 19 K-48

712. I.D.:
Kdr.: Gen.Mj. Joachim von Siegroth
Ia: Major i.G. Hugo Reck

732., 745. und 764. Gren.Rgt., 1712. Art.Rgt., Pz.Jg.Abt. 712

Festung Frankfurt:

Kommandant: Oberst Ernst Biehler
Ia: Oberstltnt. i.G. Erich Wahl

Fest.Rgt. 1,2,3,4,5,6,7; 2. Pol. Bttl., Füs.Bttl. 44, Art.Rgt. 523, Pz.Jagd. Kdo. Booßen

V. SS-Geb.K.:
K.G.: SS-OGrf. u. Gen. der Polizei Friedrich Jeckeln
Chef des Stabes: Oberst i.G. Ernst Schultes

286. Inf.Div:
Kdr.: Generalmajor von Roden
Ia: Major Mayer

926., 927. und 931. Gren. Rgt., 286. Art. Rgt.
(eingezeichnet in die Lagekarte: VSt. Btl. Dresden, Gren. Mitte, FJk. Rgt. 1237)

32. SS-Gren.Div. »30. Januar«:
Kdr.: SS-Standartenführer Hans Kempin
Ia: SS-Sturmbannf. Karl-Horst Lenz

86. »Schill«, 87. SS-Rgt. »Falke« (?) und 88. SS-Gren.Rgt., SS-Füs.Btl. 32, 32. SS-Art.Rgt.(mot), SS-PzJg.-StuG.Abt. 32, SS-Nachr.Abt.(mot.) 32
(eingezeichnet in Lagekarte: Becker I. u. II., Gren.Rgt. 86, 87.), SS-Kgr. »Dietz« (nach Tessin)

391. (Sich.)Div.:
Kdr.: Generalmajor Sieckenius
Ia: Major i.G. Hans-Helmut Flohr

Gren.Rgt. 95, FJk-Rgt. 1233, Art.Rgt. 391.
(eingezeichnet in Lagenkarte: SS-Btl. Heyer, FJk. Rgt. 1239, KGr. Stahlhut, FJk-Rgt. 1233, Rgt. Müller z.b.V.)

Heeresgruppe Mitte

4. PANZERARMEE
V. A.K.: (der 9. Armee unterstellt)
K.G.: General d. Art. Waeger
Chef des Stabes:

21. Pz.Div.:
Kdr.: Gen.Mj. Werner Marcks
Ia: Major i.G. Wilhelm Renner

Pz.Gren.Rgt. 125 u. 192, Pz.Rgt. 22, Pz.Art.Rgt. 155, H.-Flak-Abt. 305, Pz.Aufkl. Abt. 21.

35. SS-Polizei-Gren.Div.:
Kdr.: Stdf. Rüdiger Pipkorn
Ia: ...

SS-Pol.Gren.Rgt. 89, 90 und 91.

36. SS-Gren.Div.:
Kdr.: SS-Obf. u. Gen.Mj. der Waffen-SS Oskar Dirlewanger
Ia: ...

SS-Gren.Rgt., 72 und 73, Pz.Abt. »Stahnsdorf« 1 und 2.

275. I.D.:
Kdr.: Generalleutnant Hans Schmidt
Ia: Major i.G. Hans Berger

Gren.Rgt. 983, 984 und 985., Füs. Btl. 275, Art.Rgt. 275.

342. Inf.Div.:
Kdr. Generalleutnant Heinrich Nickel
Ia: Major i.G. Gerhard Schmidt

Gren.Rgt. 554, 697 und 698.

23. SS-Pz. Gren.Div. »Nederland«:
Kdr.: SS-Brig.Fhr. und Gen.Mj. der Waffen-SS Wagner
Ia: SS-Sturmbannführer Erich von Bock und Polach

SS-Pz.Gren.Rgt. 48 »Gen. Seyffartd« (holl. Nr.1), 49. SS-Pz.Gren.Rgt. 49 »de Ruiter« (holl. Nr. 2).

10. SS-Pz.Div. »Frundsberg«:
Kdr.: SS-Brig.Fhr. und Generalmajor der Waffen-SS H. Harmel
Ia: SS-Sturmbannfhr. Stolley

SS-Pz. Aufkl.-Abt. 10.

12. ARMEE
OB.: General der Panzertruppen W. Wenck
Chef des Stabes: Oberst i.G. G. Reichhelm

XX. A.K.
K.G.: General der Kavallerie C.-E. Koehler
Chef des Stabes: Oberstleutnant i.G. P. Butler

Inf. Div. »Theodor Körner« :
Kdr. Generalleutnant B. Frankewitz
Ia: Major i.G. von Graevenitz

Gren.Rgt. 1,2 und 3; Füs.Bttl., Art.Rgt.

Inf.Div. »Ulrich von Hutten«:
Kdr. Generalleutnant G. Engel

Gren.Rgt. 1, 2 und 3, Art.Rgt., Pz.Jäg.Abt.

Inf. Div. »Ferdinand von Schill«:
Kdr.: Oberstleutnant A. Müller
Ia: Major i.G. Rudolph

Gren.Rgt. 1, 2 und 3, Sturmart.-Lehrabt.

Inf.Div. »Scharnhorst«:
Kdr. Generalleutnant H. Götz
Ia: Major i.G. Weyer

Gren.Rgt.1, 2 und 3, Füs. Btl., Pz.Jäg.Abt., Art.Rgt., Sturmart.-Lehrbr.

1. Belorussische Front

OB.: Marschall Georgi K. Shukow
Chef des Stabes: Armeegeneral Michail S. Malinin

69. ARMEE
OB.: Generaloberst W.I. Kolpaktschi

25. S.K.: 77. Gd.,4. S.Div.
61. S.K.: 134., 246., 274. S.Div.
91.S.K.: 41., 312., 370. S.Div.
117., 283. S.Div.
68. Pz.Brig., 12.Pz.Art.Brig., 344. Gd., 1205., 1206., 1221. Pz.Art.Rgt.

Verstärkung:
12. Art.Div., 8., 39. Pz.Jäg.Brig., 293. GrWf.Rtg.,
41. Gd.GeschoßWf.Brig., 75., 303. Gd.GeschoßWf.Rgt.,
18. Flak-Div., 68. Pz.Brig., 12. Pi.Brig., 33., 89. schw.Pz.Rgt.,
344. Pz.Art.Rgt., 35. Pi.Brig., 85. Ponton-Btl.,
2. Ponton-Btl., 154. Militärbau-Abt., 29., 40. selbst.Btl. chem.Truppen,
6. selbst. FlammWf.Btl., 273. Btl. z.b.V.

33. ARMEE
OB.: Generaloberst W.D. Zwetajew

16. S.K.: 323., 339., 383 S.Div.
38. S.K.: 64., 89., 129. S.Div.
62. S.K.: 49., 22., 362. S.Div.
95. S.Div.

Verstärkung: 2.Gd.K.K., 115., 119. befest.Raum, 22. Art.Div.,
33. Pz.Jäg.Brig., 56. Gd.GeschoßWf.Rgt., 64. Flak-Div.,
257. Pz.Rgt., 360., 361. Pz.Art.Rgt., 1. ,6. Ponton-Btl.,
155. Militärbau-Abt., 283. Btl. z.b.V., 25. selbst. Btl. chem.Truppen,
10. selbst.mot.FlammWf.Btl.

3. ARMEE
OB.: Generaloberst A.W. Gorbatow

35. S.K.: 250., 290., 348. S.Div.
40. S.K.: 5., 169. S.Div.
41. S.K.: 120., 269. S.Div.
1812., 1888., 1901. Pz.Art.Rgt.

16. LUFTARMEE
OB.: Generaloberst der Luftstreitkräfte S.J. Rudenko

6. Bombenflieger-K.: 326., 339. Bombenflieger-Div.
6. Schlachtflieger-K.: 197., 198. Schlachtflieger-Div.
9. Schlachtflieger-K.: 3. Gd., 300 Schlachtflieger-Div.
1. Gd.Jagdflieger-K.: 3., 4. Gd.Jagdflieger-Div.
3. Jagdflieger-K.: 265., 278. Jagdflieger-Div.
6. Jagdflieger-K.: 234., 273. Jagdflieger-Div.
13. Jagdflieger-K.: 193., 283. Jagdflieger-Div.
1.Gd., 240., 287., 269. Jagdflieger-Div.,
2., 11. Gd., 113., 183., 188., 221. Bombenflieger-Div.
9. Gd., 242. Nachtbomber-Div.
1., 72., 93., 98. Aufklärungsflieger-Rgt.
176. Gd. Jagdflieger-Rgt.
226. Transportflieger-Rgt.

1. Ukrainische Front

OB.: Marschall I.S. Konew
Chef des Stabes: Armeegeneral I.E. Petrow

3. GD.ARMEE
OB.: Generaloberst W.N. Gordow

21. S.K.: 58., 253., 329. S.Div.
76. S.K.: 106., 287. S.Div.
120. S.K.: 127., 149., 197., 389. S.Div.,

Verstärkung:
25. Pz.K.: 111., 162., 175. Pz.Brig., 20. mot.S.Brig.,
262. Gd., 1451. Pz.Art.Rgt., 296.Gd.Art.Rgt., 459. Gr.Wf.Rgt.,
1702. Flak-Rgt., 2. Gd.GeschoßWf.-Abt., 1. Gd.Art.Div.,
25. Art.Div., 69.Flak-Div., 40. Art.-Brig., 2.Gd.S.Krad-Rgt.,
87. selbst.Gd.Pz.Rgt., 938. SfL.Art.Rgt.,
1528. Art.Rgt., 179. Pz.Jäger-Rgt., 1527. Flak-Rgt.,
526., 569.Gr.Wrf.-Rgt., 8., 21.Gd. GeschoßWf.Rgt.

13. ARMEE
OB.: Generaloberst N.P. Puchow

24. S.K.: 121. Gd., 395. S.Div.

27. S.K.: 6. Gd., 280., 350. S.Div.
102. S.K.: 117. Gd., 147., 172. S.Div.

Verstärkung:
10. Art.K.: 4. Art.Div., 31.Art.Div,
10. Flak-Div., 39. Art.Brig., 26. Pz.Jäg.Art.Brig.,
12. GrWrf.Brig., 19. Pi.Brig., 88. selbst.Pz.Rgt.,
327., 372. Gd., 768., 1228. Pz.Art.Rgt., 111. Gd.Art.Rgt.,
493., 1076. Pz.Jäg.Rgt., 128. GrWf.Rgt.,
65., 323. Gd.GeschoßWf-Rgt., 1287. Flak-Rgt.

3.GD.PZ.ARMEE
OB.: Generaloberst der Panzertruppen P. S. Rybalko

6. Gd.Pz.K.: 51., 52., 53. Gd.Pz.Brig.,
22. mot.Gd.S.Brig., 385. Gd., 1893., 1894. Pz.Art.Rgt., 1645. Art.Rgt.,
272. Gd.GrWf.Rgt., 286. Gd.Flak-Rgt., 439. Gd.GeschoßWf.Abt.,
3. Gd.S.Krad-Btl.

7. Gd.Pz.K.: 54., 55., 56. Gd.Pz.Brig., 23.mot.Gd.S.Brig.,
384. Gd., 702., 1977. Pz.Art.Rgt., 408. Art.Rgt., 467. Gd.GrWf.Rgt.,
287. Gd.Flak-Rgt., 440. Gd.GeschoßWf. Abt., 4. Gd.Krad.Btl.

9. mech.S.K.: 69., 70., 71. mech.S.Brig., 91. Pz.Brig.,
383. Gd., 1507., 1978. Pz.Art.Rgt., 616. GrWf.Rgt., 1719. Flak-Rgt.,
441. Gd.GeschoßWf.-Abt., 100. S.Krad-Btl.

16. Pz.Art.Brig., 199. Art.Brig., 19. Mot.Pi.Brig.,
57. selbst.Gd., 90. selbst.Pz.Rgt., 1381., 1394. Flak-Rgt.,
50. Krad.-S.Rgt.

4. GD.PZ.ARMEE
OB.: Generaloberst D. D. Leljuschenko

5. mech.Gd.S.K.: 10., 11., 12. mech.Gd.S.Brig.,
24. Gd.Pz.Brig., 104., 397. Gd., 1447. Pz.Art.Rgt., 285. Gr.Wf.Rgt.,
763. Flak-Rgt., 11. Gd.GeschoßWf.-Abt.,
Krad-Rgt., 2. Gd.S.Krad-Btl.

6. mech. Gd.S.K.: 16., 17., 35. mech.Gd.S.Brig.,
28., 117., 118. Gd.Pz.Rgt., 423., 424. Gd.Pz.Art.Rgt., 240. Gd.GrWf.Rgt.,
427. Gd.Flak-Rgt., 52. Gd.GeschoßWf.-Abt.,
19. Gd.S.Krad-Btl.

10. Gd.Pz.K.: 61., 62., 63. Gd.Pz.Brig., 29. mot.Gd.S.Brig., 72 Gd.Pz.Rgt., 416., 425. Gd.Pz.Art.Rgt., 299. Gd.GrWf.Rgt., 359. Gd.Flak-Rgt., 248. Gd.GeschoßWf.-Abt., 7. Gd.S.Krad-Btl.
68. Gd.Pz.Brig., 70. Gd.Pz.Art.Brig., 71. Gd.Art.Brig., 6. Gd.Flak-Div., 13., 119. selbst.Gd.Pz.Rgt., 7. Gd.S.Krad-Rgt., 312. Gd.GeschoßWf.Rgt., 3. mot.Gd.Pi.-Brig.

28. ARMEE
OB.: Generalleutnant A. A.Lutschinski

3. Gd.S.K.: 50., 54., 96. Gd.S.Div.,
20. S.K.: 48., 50. Gd., 20. S.Div.
128. S.K.: 61., 130., 152. S.Div.

157. Art.Brig., 36. Pi.Brig., 133. Gd.GrWf.Rgt., 530. Pz.Jäg.AArt.Rgt., 607. Flak-Rgt.

2. LUFTARMEE
OB.: Generaloberst der Luftstreitkräfte S.A. Krassowski

1. Gd.Schlachtflieger-K.: 8., 9. Gd.Schlachtflieger-Div., 12. Gd.Jagdflieger-Div.
2. Gd.Schlachtflieger-K.: 5., 6. Gd.Schlachtflieger-Div., 11. Gd.Jagdflieger-Div.
3. Schlachtflieger-K.: 307., 308. Schlachtflieger-Div., 181. Jagdflieger-Div.
4. Bombenflieger-K.: 202., 219. Bombenflieger-Div.
2. Jagdflieger-K.: 7. Jagdflieger-Div., 322. Jagdflieger-Div.
5. Jagdflieger-K.: 8. Gd.Jagdflieger-Div., 256. Jagdflieger-Div.
6. Gd.Jagdflieger-K.: 9., 22., 23. Gd.Jagdflieger-Div.
208. Nachtbomberflieger-Div., 98., 193. Gd.Aufklärungsflieger-Rgt., 222. Transportflieger-Rgt.

Gliederung und Stärken
sowjetischer operativer Vereinigungen und Verbände
(Sollzahlen)

Schützendivision:

Stab		
3 Schützenregimenter	11 780	Mann
1 Art.Brig. bzw. Art.Rgt.	3 557	MP
1 Sfl-Abteilung	579	MG
1 PzJäg.Abt.	111	Pz.Büchsen
1 Flak-Abt.	136	GWf
1 Pi.Btl.	16	SfL
1 NachrichtenBtl.	445	Kfz
1 LehrBtl.	1 200	Pferde

Schützenregiment:

Stab	2398	Mann	
3 Schützen-Btl.	108	lMG	
3 MP-Schützen-Kp.	54	sMG	
1 Art.Bttr.	6	Fla-MG	
1 GWf.Bttr.	27	Pz.Büchsen	
1 Pz.Jäg.Bttr.	18	GWf.	8,2 cm
1 Fla-MG Zug	6	GWf.	12,0 cm
	12	Gesch.	4,5 cm
	6	Gesch.	5,7 cm
	6	Gesch.	7,6 cm

Kavallerieregiment:

Stab		
4 Schwadronen	900	Mann
1 Artilleriebatterie	4	7,6-cm-Kanonen
1 Pz. Jägerbatterie	4	5,7-cm-Pak
1 Granatwerferbatterie	4	8,2-cm-Gr.-Wf.
Spezialeinheiten	48	MG
Rückwärtige Dienste	24	Panzerbüchsen

Artilleriedurchbruchsdivision:
(Divisionen dieses Typs gehörten zur Reserve des Obersten Kommandos. Von 1943 an unterstanden sie Artilleriedurchbruchskorps. Sie dienten zur Bildung von Artillerieschwerpunkten in den entscheidenden Angriffsrichtungen der Front.) Seit 1943 gehörten zu einer Artilleriedurchbruchsdivision (ADD) 6 bis 7 Brigaden mit 360 Geschützen, Geschoß- und Granatwerfern.

Zur 1. Gardeartilleriedurchbruchsdivision gehörten:
1. Gd.-Kanonenartilleriebrigade
2. Gd.-Haubitzartilleriebrigade
3. le. Gd.-Artilleriebrigade
16. schw. Gr. Wf.-Brigade
30. Gr.Wf.-Brigade
98. schw. Haubitzartilleriebrigade

Sie war ausgestattet mit:
7,6-cm-Kanonen
12,2-und 20,3-cm-Haubitzen
15,2-cm-Kanonenhaubitzen
Geschoßwerfer BM 31-12

Panzerkorps:

Stab	12000	Mann
3 Pz.Brig.	207	Panzer
1 mot. s.Brig.	63	SfL.
3 SfL-Rgt.	182	Gesch.u. GWf.
1 le. Art.Rgt.	8	Geschoß.Wf
1 Flak-Rgt.	1500	Kfz
1 GWf.-Rgt.		
1 Gd.-GeschoßWf.Abt.		

Mechanisiertes Korps:

Stab	16 000	Mann
3 mech. Brig.	183	Panzer
1 Pz.Brig.	63	SfL
1 bis 2 SfL-Rgt.	252	Gesch.u. Gwf.
1 GWf. Rgt.	1 800	Kfz
1 Flak-Rgt.		
1 Pz.Jäg.Abt.		
1 Gd.GeschoßWf.Abt.		

Mechanisierte Brigade:

Stab	3 500	Mann
1 Pz.Rgt.	35	Panzer
3 mot.S.Btl.	36	Gesch.u. GWf
1 GWf.Abt.		
1 Art.Abt		

Allgemeine Armee:
Operativer Verband der Roten Armee, kämpfte in der Regel im Bestand einer Front. Je nach der ihren Charakter bestimmenden Bewaffnung, der Qualität und Ausbildung des Ersatzes gab es Pz.-, Stoß- und Garde-A.

Front:
Höchste operative Vereinigung der Roten Armee für Handlungen in einer strategischen oder einer bzw. mehreren operativen Richtungen. Sie bestand aus 2 bis 5 allgemeinen und Pz.-A., selbstständigen K. und Truppenteilen sowie in der Regel aus 1 Luft-A. Gegen Kriegsende konnte eine Front über 30 bis 60 Schützen-Div., 1 000 bis 2 000 Panzer und SfL sowie über die gleiche Anzahl Flugzeuge verfügen.

Aus: Enzyklopedija Velikaja Otecestvennaja vojna 1941–1945.

Aufstellung der Inf.Div. Friedrich Ludwig Jahn auf dem Truppenübungsplatz Jüterbog
(Stand 13. April 1945)

A) Gliederung
Gliederung gem. Aufstellungsbefehl im wesentlichen abgeschlossen.
Vers.Truppen noch in Aufstellung.
Jagd-Pz.Kp. in Aufstellung auf Tr.Übungsplatz Grafenwöhr.

B) Besondere Schwierigkeiten.
1) Ausbildungsstand des RAD-Personals, besonders im Unterführerkorps und bei dem Personal aller schweren Waffen unzureichend.
2) Mangel an Funkern und Fernsprechern für Truppen-Nachrichtenverbänden.
3) Abholung von Gerät stockt wegen Tonnagemangel. Zuweisung von 30 t LKW-Raum (auch Leihgabe) dringend erforderlich.
4) Es fehlen Geschirre zu etwa 45 %, besp. Fahrzeuge zu 50 %
Stahlhelme zu 20 %
Kochgeschirre und Feldflaschen zu 10 %
Tragegurte zu 100 %
Patronentaschen zu 50 %
Schanzzeug zu 100 %
Karabiner zu 70 %
Läufe und Gurte für MG

C) Personal

	Soll	Ist	davon RAD	Fehl
Offz.	295	285	110	134
Beamte	23	9	1	14
Uffz.	1613	2172	1079	-
Mannschaften	7136	8145	6043	-
Hiwi	579	124		455

D) Eingetroffenes Personal nach Waffengattungen

Inf.	100 %
Art.	100 %
Nachr.	85 %
Pi.	100
Pz.Zerst.Kp.	100

E) Material

	Soll	Ist	Fehl
Pistolen	1227	900	327
Gewehre	3779	826	2951
Sturmgewehre	1155	1060	95
MP	400	-	400
lMG	396	270	126
sMG	62	50	12
mGWf	78	84	-
sGWf			
lIG(18/42)	78	65	13
sIG	6	4	2
7,5 cm Pak	9	-	
lFH	18	-	18
sFH	8	8	-
Flak	-	-	-
Pak	9	9	-
Panzerschreck	222	200	22
Panzerfaust	2700	2700	-
Fahrräder	1445	1445	-
Kräder	103	66	37
PKW	98	43	55
LKW	107	107	-
RSO	12	-	12
Opt. Gerät		45 %	55 %
Nachr. Gerät		45 %	55 %

Pferde	3144	1486	1658
Bespannfz.	645	313	322
Geschirre	1683	900	783

Aus: Bundesarchiv Militärisches Zwischenarchiv, Potsdam, W-10/13572, Bl. 94 ff.

Befehl des Oberbefehlshabers der 1. Ukrainischen Front, Marschall Konew, zur Einführung der 28. Armee
(20./21.04.1945)

Dem Oberbefehlshaber der 28. Armee

Ich befehle:
1. Die 28. Armee hat die Aufgabe, sich im Kfz.- und Eilmarsch hinter der 3. Gardepanzerarmee zu bewegen und mit dem Spitzen-Schützenkorps am Ausgang des 23.04.45 den Raum Zossen, Christinendorf, Sperenberg, Baruth zu erreichen. Beginn des Marsches - entsprechend meinen Anweisungen.
2. Hauptmarschstrecke: Gornow, Drebkau, Calau, Luckau, Golßen, Baruth.
3. Zwei Schützendivisionen sind mit Kfz. zu verlegen und am Ausgang des 21.04.45 in den Wäldern im Raum Baruth zu konzentrieren.
4. Der Empfang ist zu bestätigen.

Kopie im Besitz d. Vf.

Aus der Tagesmeldung der Heeresgruppe Weichsel an das OKH
(21.04.1945)

... Durch das Hereinführen starker Feindkräfte von Norden in den Raum westlich Fürstenwalde bereitet sich, im Zusammenhang mit aus dem Raum Luckau - Lübben nach Norden und Nordwesten vordringenden Feind die Einkesselung der Masse der 9. Armee vor ...

BA-MA, RH 2V/337.

Befehl der Heeresgruppe Weichsel an das AOK 9 über die weitere Kampfführung der 9. Armee

(22.04.1945)

Der Führer hat für die weitere Kampfführung der 9. Armee folgendes befohlen:

1. Die um die Reichshauptstadt entstandene kritische Lage kann nur durch äußerste Entschlossenheit und Standhaftigkeit von Führung und Truppe gemeistert werden. Die erfolgreichen Angriffe am Nordflügel der Hgr. Mitte müssen zur baldigen Bereinigung der Lage bei Spremberg führen. Hierzu ist erforderlich, daß der Eckpfeiler um Cottbus wieder genommen und unter allen Umständen gehalten wird.
2. 9. Armee verdichtet ihre Abriegelungsfront von Königswusterhausen bis Cottbus und führt aus ihr mit scharf zusammengefaßten Kräften immer wieder Angriffe gegen die tiefe Flanke des die Süd-Front von Berlin angreifenden Gegners. Die Armee hält die bisherige Front von Cottbus bis Fürstenberg und biegt ihren N-Flügel in Linie Fürstenberg – Müllrose – Fürstenwalde zurück, um beschleunigt Kräfte zum Schließen der Frontlücke SO des Großen Müggelsees freizumachen.

Zusatz der H.Gr.:
Hierzu hat die 9. Armee

a) Durch Zuführung von Kräften die Front des LVI. Pz. Korps ostwärts Berlin abzustützen.
b) Aus der Ostfront eine Division beschleunigt herauszuziehen und zur Verfügung der Armee im Raum Lieberose zu versammeln.
c) Mit einem sofort zu bildenden Sperrverband die Frontlücke südostwärts des Großen Müggelsees zu schließen.
   Durchführung vorstehender Maßnahmen ist unter Angabe der Div. der H.Gr. baldmöglichst zu melden.

BA-MA, RH 19 XV/10, Bl. 180 f.

Aus der Tagesmeldung des AOK 9 an die Heeresgruppe Weichsel

(22.04.1945)

1) 9. Armee stand heute im Raum Cottbus–Frankfurt–Fürstenwalde im schweren Kampf gegen mit starken Infanterie- und Panzerkräften angreifenden Feind, der hiermit den ersten großangelegten Versuch gemacht hat, die Armeefront aufzuspalten. Die harten Kämpfe sind gekennzeichnet durch zunehmende Überbeanspruchung der abgekämpften Truppen und nicht mehr ersetzbarer Ausfälle an Menschen und Material und Waf-

Die Wälder um Halbe und Märkisch Buchholz nach Ende der Kämpfe

fen. Die im Laufe der Kämpfe der letzten Tage noch nennenswerte Zuführung stark abgesunkenen Bestände an Versorgungsgütern (Munition, Betriebsstoff) lassen im allgemeinen 2 - 5 Tage Kampf im bisherigen Umfange noch zu.

In der tiefen Flanke der Armee ging der Feind weiter gegen die Vororte der Reichshauptstadt vor. Aufbau einer Abriegelungsfront in Linie Königswusterhausen (Schwerpunkt) – Märkisch Buchholz – Lübben – Burg noch im Gange und durch Betriebsstoffschwierigkeiten verzögert …

Gegen weit überlegene, mit Panzerunterstützung geführte Angriffe ging Biegen und Jakobsdorf verloren. Angriff der Festung Frankfurt in Richtung Pillgram schlug nicht durch. Der Schwerpunkt der Kämpfe des heutigen Tages lag im Abschnitt des XI. SS-Pz.Korps, dessen Front ostwärts Fürstenwalde an zahlreichen Stellen durchbrochen wurde. Dem Feind gelang es, bis an die Autobahn bei Kersdorf vorzudringen. Bei Berkenbrück hält noch eigener Brückenkopf zwischen Alt-Maglitz und Berkenbrück in einzelne Kampfgruppen aufgesplitterte Front …

BA-MA, RH 19 XV/10, Bl. 198 f.

Aus dem von Generalfeldmarschall Keitel unterzeichneten Befehl des Wehrmachtführungsstabes des OKW an die 12. Armee über die weitere Kampfführung
(23.04.1945)

1) 12. Armee hat sich mit der Masse ihrer Kräfte gegen den von Süden auf Berlin zielenden Vorstoß der Russen zu werfen. Hierzu wird für die Kampfführung der 12. Armee befohlen:

a) Der Angriff des XXXIX. Pz.Korps ist einzustellen und das Korps auf das Ostufer der Elbe zurückzuführen. Späterer Einsatz an der Berliner Front je nach Entwicklung der Lage.

b) Aus der Elbe-Verteidigung zwischen Dömitz und Magdeburg ist eine starke Kräftegruppe herauszuziehen und in den Raum Nauen zu führen. Ihre Aufgabe wird es sein, zusammen mit den zwischen Spandau und Oranienburg eingesetzten Teilen der Heeresgruppe Weichsel ein weiteres Vordringen der Russen über die Havel nördlich Spandau zu verhindern.

c) Unter weitergehender Auflockerung der Elbe-Verteidigung zwischen Magdeburg und Dessau und der Mulde-Front zwischen Dessau und Grimma ist im Raum westlich und südwestlich Treuenbrietzen eine starke Angriffsgruppe von mindestens 3 Divisionen zu bilden mit dem Auftrag, über die Linie Jüterbog - Brück, Richtung Zossen und Teltow anzugreifen, um die gegen Potsdam und den Südrand Berlin vorstoßenden russischen Kräfte zu schlagen ...

2) 9. Armee hat den Befehl, auf der Linie Cottbus – Peitz – Beeskow, notfalls auf die Linie ostwärts Lübbenau – Schwielochsee auszuweichen, um hierdurch Kräfte für einen Stoß von Osten in Richtung Baruth freizumachen ...

BA-MA, RH 2/337, Bl. 84 f.

Meldung des AOK 9 an die Heeresgruppe Weichsel über die befohlene Umgruppierung der Kräfte
(23.04.1945, 13.00 Uhr)

AOK 9 meldet folgende befohlene Maßnahmen:

1. Zurücknahme der Ost- und Nordostfront in die allgemeine Linie Burg – Butzen – Schwielochsee – Spree in einem Zuge in der Nacht vom 23./24.
2. V. Armeekorps übernimmt Befehl über die Südfront vom rechten Flü-

gel bis Burg ausschließlich. V. SS-Geb.Armeekorps über die Ostfront bis Kersdorfer Schleuse.

3. Freiwerdende Kräfte: 342. I.D. 1 verst. Kampfgr. 35. SS Div. (bisher an der Ostfront eingesetzt) 1. Kampfgr. Bei XI. SS-Pz.Korps in Stärke von 1 bis 2 Rgtern (Festungsbesatzung). Art. noch nicht abzusehen. Wird nachgemeldet.
4. Für die Angriffsgruppe vorgesehen: Kampfgr. 21. Pz. Div., 342. I.Div., Teile 35. SS Div., 1. gepanzerte Gruppe (SS Aufkl. Abt. V. Geb.). Frühester Beginn 25.04. früh.

BA-MA, RH 19 XV/10, Bl. 160.

Funkspruch des AOK 9 an die Heeresgruppe Weichsel
(25.04.1945, 16.30 Uhr)

Zur Durchbruchsrichtung Mitte Märkisch Buchholz Luckenwalde erfolgversprechend angesetzt. Und Vereinigung Wenck Gebiet Luckenwalde erstrebt.

BA-MA, RH 19 XV/10, Bl. 301.

Funkspruch der Heeresgruppe Weichsel an das AOK 12
(25.04.1945)

Busse angreift Märkisch Buchholz auf Luckenwalde.

BA-MA, RH 19 XV/10, Bl. 310.

Gefechtsmeldung der 1. Ukrainischen Front an den Obersten Befehlshaber, Marschall der Sowjetunion Stalin
(26.04.1945, 02.00 Uhr, Karte 1: 100 000)
1. Die Truppen der Stoßgruppierung der Front brachen am 25.04.45 den hartnäckigen Widerstand des Gegners und setzten die Kämpfe im südlichen Teil von Berlin fort. Im Raum Brandenburg schlugen sie die Gegenangriffe von Panzern und Infanterie des Gegners ab ...

2. Die 3. Gardearmee griff an der rechten Flanke an, drang kämpfend bis zu 20 km vor und besetzte 19 Ortschaften, darunter die Stadt Peitz.

Am Tagesausgang führte sie an der rechten Flanke den Kampf um Mühlendorf (s. Straupitz).

An der übrigen Front nahm die Armee eine Umgruppierung vor und befestigte die besetzten Abschnitte.

Die 28. Armee setzte im Zusammenwirken mit den Truppenteilen der 3. Garde-Panzerarmee die Kämpfe im südlichen Teil von Berlin fort.

Am Tagesausgang führte sie den Kampf im südlichen Teil von (?).

An der rechten Flanke schlug sie auf dem Abschnitt Westrand Kallinchen – westlicher Teil Mittenwalde – Ragow Gegenangriffe von Teilen der eingeschlossenen Gruppierung des Gegners ostwärts Mittenwalde ab.

Die 3. Garde-Panzerarmee brach den hartnäckigen Widerstand des Gegners und setzte die Kämpfe in Berlin fort.

Am Tagesausgang führte das 9. mech. Korps den Kampf südlich Steglitz.

Das 6. und 7. Garde-Panzerkorps führten den Kampf im Zentrum Zehlendorf – Lichterfelde.

Die 4. Garde-Panzerarmee führte mit dem 10. Garde-Panzerkorps den Kampf auf den Übersetzstellen über den Kanal ostwärts Wannsee und um den südostwärtigen Teil von Potsdam.

Das 6. mech. Gardekorps forcierte mit den Hauptkräften den Schläntz-See, besetzte Marquardt und griff von Norden her Potsdam an.

Die 16. mech. Brigade schlug im ostwärtigen Teil von Brandenburg Gegenangriffe des Gegners in Stärke bis zu einem Infanterieregiment mit 15–33 Panzern und SfL ab.

Das 5. mech. Gardekorps stellte die Operation von Nordwesten her sicher …

4. Die Luftstreitkräfte der Front bombardierten und vernichteten bei Angriffen die lebende Kraft und die Technik des Gegners.

Im Verlaufe von 24 Stunden wurden 2 350 Starts durchgeführt. Bei Luftkämpfen und durch die Flakartillerie wurden 22 Flugzeuge des Gegners abgeschossen …

Kopie im Besitz d. Vf.

Aus dem Fragment von Tagebuchnotizen eines bei Halbe gefallenen unbekannten Soldaten
(15.04. – 27.04.1945)

... 19.4.45
... Wie ich so am Bahndamm sitze und schreibe meine Erlebnisse, kommt der Befehl durch, Bunkerbau einstellen, wir werden abrücken. Eine große Diskussion beginnt, und jede freie Zeit, jede freie Minute wird mit dem Packen verbracht und Entfernen unnützer Sachen. Es werden noch schnell Plinsen gebraten, Klöße gekocht aus Weizen und Roggenmehl. Max Cohrs kocht einen Eimer Griespudding ohne Zucker und Milch, und alles muß noch schnell verzehrt werden.

Die Flieger sind immer rege, und das offene Feuer verrät unsere Stellung, doch es gibt keine Verwundeten. Um 21.00 Uhr geht es nochmals in den Bunker zur letzten Ruhe.

23.30 Uhr werden wir geweckt, und wir marschieren nur mit Feldflasche, Brotbeutel und Sturmgepäck auf dem Rücken zur Rollbahn, die nach Cottbus führt. Es sind 60 km bis Cottbus und man fährt uns in der dunklen Nacht auf LKW über Peitz, Willmersdorf nach Cottbus.

Freitag, den 20. April 1945

Es geht nicht mehr nach Cottbus hinein; denn unser lieber Iwan hat seine Panzerspitzen bis in Cottbus vorgetrieben. Cottbus ist eine Festung, und Männer, soweit sie noch dort sind, Frauen und Kinder dürfen die Stadt nicht verlassen, sie müssen an der Verteidigung ihrer Stadt teilnehmen. Die Panzersperren sind geschlossen, und so fahren wir auf Umwegen um Cottbus herum. In dem kleinen Ort Gulben beziehen wir eine neue Stellung, doch sie war nicht von langer Dauer. Es sollte ein Gegenangriff von uns erfolgen in der Richtung auf Kolkwitz. Von unseren Offizieren wurde uns gesagt, es treten 3 Btl. zum Angriff an, ob es gestimmt hat, möchte ich bezweifeln. Unsere Kompanie bekam den Abschnitt Cottbus – Kolkwitz ... vorzustoßen, Panzerunterstützung wurde uns auch zugesagt.

Die Sonne brannte sehr, man gab uns keine Zeit zum Essen, an Schlafen war nicht zu denken. Durst hatte man und alles mußten wir in Gulben zurücklassen, als es in Kolkwitz hinein ging. Ohne einen Schuß gelangten wir an die Eisenbahnlinie Cottbus–Finsterwalde. Dann gehen wir zum Angriff über durch den Ort bis an die Rollbahn Cottbus–Berlin (126 km). Iwan war nicht zu finden, nur seine Jäger hatten wir über uns, so daß wir uns des öfteren in Deckung begeben mußten. Wir trafen die ersten Einwohner des Ortes, und diese berichteten uns, was sie erlebt haben.

In aller Frühe des heutigen Tages kamen viele Sowjetpanzer auf der Rollbahn von Cottbus und fuhren in der Richtung Berlin. Drei von diesen machten hier halt, und da sie keinen Widerstand verspürten, stiegen sie aus und gingen in verschiedene Häuser des Dorfes.

Wo sich keine Einwohner befanden, dort rissen sie die Kleiderstücke aus den Kleiderschränken, zerschnitten die Betten, zerbrachen Tische und Stühle, demolierten die Wohnung und ihre Einrichtungen und gebärdeten sich wie wilde Tiere. Wo aber Einwohner waren, dort forderten sie diese auf, ihnen etwas zu essen und zu trinken zu geben. Beim Metzger ging es hoch her, dort hat man gefressen, gesoffen und mit den Mädels vielerlei dummes Zeug getrieben. Sie mußten sich alles gefallen lassen, sonst hätte man sie über den Haufen geknallt, erzählte man uns.

Von 5.00 Uhr früh bis 9.00 Uhr war der Iwan in diesem Ort gewesen, und was glänzte und zu gebrauchen war, wurde von ihnen mitgenommen. Um 9.00 Uhr ertönte draußen ein Pfiff, alle sprangen sofort hoch, rein in ihre Panzer und auch diese drei fuhren in Richtung Berlin von dannen. ...

»Gemeinnutz geht vor Eigennutz« wurde uns einstens eingehämmert, doch die Worte waren nur für uns, nicht für die Herren, die uns führen, die haben sich nur wenig darum gekümmert. Mein Komp.-Chef sowie mein Zugführer begaben sich in ein Haus und lassen sich dort bewirten von der Hausfrau, die vielleicht am Morgen den Iwan bewirtete. Der Zugführer erteilte mir den Auftrag, während der Zeit, wo sie speisen und trinken, mit Heini und noch einem Kameraden vor diesem Haus Wache zu stehen, damit die Herren keine Überraschungen erleben. Nach einer geraumen Zeit gehe ich hinein, sehe, wie die Herren dort Braten, Kartoffeln und Erbsen essen in der Küche. Viele Flaschen stehen auf dem Tisch und viele schöne Leckereien mehr. Ich bitte höflich um ein Stückchen trockenes Brot oder sonst etwas zum Essen, da wir Hunger haben.

Statt etwas zu essen, werde ich vom Chef angefahren und muß meinen Posten vor dem Haus wieder beziehen. Es wurmt mich und beim Hinausgehen gebrauche ich die Worte: »Die Vergeltung kommt! « Und sie kam! Um 18.00 Uhr hat der Iwan so viele Kräfte bei Kolkwitz zusammengezogen, daß er den Kampf aufnehmen kann. ... Der Iwan hat eine Lücke in unsere Front gerissen und ist im Begriff, unsere Linie aufzurollen, was ihm auch anfangs gelingt. Eine Verstärkung aus den anderen Zügen und ein Panzerspähwagen, der alles hergab, was er konnte, brachte das Vorhaben des Feindes zum Scheitern. Wir schlugen den Feind sogar 300 – 400 m zurück von der Rollbahn, bis an die Eisenbahnlinie Berlin – Cottbus. Beide Seiten waren nun wohl so geschwächt, daß das Gefecht gegen 22.00 Uhr eingestellt wurde ...

Lübben, Montag, den 23.4.1945

... Der Führer hat gesagt: Die letzten Stunden dieses Krieges werden die Schrecklichsten sein« und sie sind es. Warum hört man nicht auf? Warum findet sich keiner dazu berufen, diesem Kampf Halt zu gebieten? Warum muß erst alles vernichtet werden? Muß erst alles, restlos alles, in eigenem Blute sich wälzen vor Schmerzen? Warum frage ich Dich, großer Gott. Möge Euch dieses Elend erspart bleiben, und Ihr werdet so etwas nie zu Gesicht bekommen...

Nun hatte der Feind seine Kräfte so aufgefüllt, daß die Schlacht um Kolkwitz wieder beginnen konnte, und sie begann ... Da kam endlich der Befehl, »Absetzen und zurück bis in den Ort«. Doch der Iwan ließ uns nicht wieder zum Stehen kommen und jagte uns durch den Ort bis zum Bahndamm Fürstenwalde – Cottbus. Unser neuer Komp.-Chef stand mit seiner M.P. in unserem Rücken und schrie, »wer zurückweicht, wird von mir erschossen!« Hier soll und muß die Stellung gehalten werden. Dann aber ging er selber 600 m hinter uns in Stellung und beobachtete den Rest seiner stolzen Kompanie. Es war ein aussichtsloser Kampf, und wir lassen alles über uns ergehen. Meine Munition ist alle und ich denke, meine letzte Stunde hat geschlagen ... Um 17.00 Uhr dringt abermals der Befehl durch »Absetzen in Richtung Gulben!« Als dieses aber die Feindpanzer merken, jagen sie hinter uns drein und schossen aus allen Rohren, was sie hergaben. Drei Königstiger-Panzer sollten die Sicherheit für uns übernehmen, aber alle drei wurden der Reihe nach im Nu abgeschossen. Nach Gulben kamen wir nicht mehr, man hatte uns den Weg dorthin abgeschnitten. Ein Volltreffer in unsere Menge, und man hörte Jammern und Schreien von vielen Kameraden, diesen Schrei werde ich mein Leben lang noch hören.

Ihnen konnte nicht geholfen werden, denn alles flüchtete, sie blieben liegen. Die Feindpanzer rollten über sie hinweg und wer nicht zermahlen wurde, geriet als Verwunderter in die Gefangenschaft. Viele Kameraden habe ich dort verloren, unter ihnen Gruppenführer Schröer, meinen lieben Freund Gerhard Scholz, Gottschalk, Pester und wie sie noch alle hießen ... Der Weg nach Burg (17 km) war nun frei, doch Heinrich sagte mir »einmal müssen wir doch ein Opfer des Iwan werden oder wir sterben den Heldentod.« Demnach blieben wir in der Festung Cottbus und wurden eingeschlossen ....

Sonntag, den 22. April 1945

Nachdem mein Heinrich und ich eine Zeit lang auf der Gartenbank in der Laube geschlafen hatten, entspann sich abermals eine lebhafte Diskussion zwischen uns beiden. Ich wollte meinen Kopf durchsetzen, hinaus aus Cottbus und nicht kapitulieren ... Im rechten Augenblick gab ich meinem Freund zu verstehen, »so jetzt los, komm mit«, es mag wohl gegen 6.00 Uhr gewesen sein, da durchbrachen Heini Grundler und ich die feindliche Panzersperre. Wir waren östlich von Cottbus gelandet. – Nach

Burg konnten wir nicht mehr, aber es ging in nordöstlicher Richtung über Sielow und viele andere kleine Ortschaften nach Straupitz ... In Straupitz gingen wir zum Bereichskommandanten, der uns Quartier und Verpflegung verschaffte ...

23.4.1945

Nun folgte ein Tag, der nicht so verlief, wie ich erwartet hatte, ... Um 10.00 Uhr, nachdem wir uns gestärkt hatten, verließen wir den Ort Straupitz und marschierten mit sieben Mann, so viele waren wir geworden, in Richtung Lübben. Unser lieber Iwan war aber schneller mit seinen Panzern als wir zu Fuß, und als wir in Lübben ankamen, war er schon da und hatte die Stadt an der Spree besetzt. Wir gingen zurück nach Briesen, meldeten uns dort bei der Wehrmachtseinheit, doch die wollte uns sieben nicht haben und überwies uns an das 91. Regiment in einem nahen Forst, unweit Lübben. Heini war besorgt, denn es lautete der Befehl: Absetzen gibt es nicht mehr, der seine Einheit verloren hat, hat sich innerhalb von 48 Stunden einer neuen Einheit zu stellen. Als wir uns um 18.00 Uhr bei dem 91. Regiment meldeten, war man froh, denn dort waren große Ausfälle gewesen und diese Lücken sollten wir nun füllen. So kamen wir wieder gegen meinen Willen ins Gefecht hinein. Um die Mittagszeit hatte eine SS-Division Lübben vom Feind freigemacht. Wir sollten nun das hübsche Städtchen halten und den Iwan nicht wieder herein lassen ...

Dienstag, den 24. April 1945

Immer noch ist das Ringen nicht vorbei und wir müssen weiterkämpfen. Wie lange wird es sein? ... aber als ich um 6.00 Uhr früh wieder nach vorn ging, zum westlichen Stadtrand, da brannte dieses märkische Städtchen an der Spree an allen Ecken. Die Kirche stürzte ein und stattliche Bauten und Häuser brannten lichterloh ... Man war schon zurückgewichen und unsere Linie hatte man bis in den Ort hinein verlegt–Warum nicht kapitulieren, der Kampf war doch sinnlos ... Ein Major gab uns den Befehl, all diese zum Verbandsplatz zu befördern, was wir nun auch mit einer Karre und dem Volkssturm taten. Als wir zum zweiten Male zum Verbandsplatz kamen, lagen dort 70-80 Kameraden auf der Wiese, die auf einen Abtransport in ein Feldlazarett warteten. Gegen 15.00 Uhr brachten wir die dritte Karre mit Verwundeten zum Verbandsplatz. (Es gingen immer 3 Leicht- oder 2 Schwerverwundete auf eine Karre) ... Da endlich kam man zur Vernunft und zur Einsicht, alles wurde zurück befohlen, und das brennende Lübben wurde dem Feind überlassen. Mit Mann und Roß und Wagen hat sie der Herr geschlagen! Mein lieber Freund Heinrich und ich machten uns nun auf den Weg, es ging in nördlicher Richtung, die

Munitionsfund bei Halbe. Dazu gehörten über 500 2-cm-Spreng- und Panzergranaten sowie mehrere 1 000 Schuß Gewehrmunition

Flak- und andere Munition aus den Wäldern im Südosten Berlins

Rollbahn nach Berlin … In einer Scheune, die mit Stroh gefüllt war, legten wir uns zur Ruhe. Leider habe ich den Namen des Ortes vergessen, aber die Hauptsache war, wir hörten keine Schießerei.

den 25. April 1945

… Alles zog nach Norden, alles wollte die große Schlacht um Berlin mitmachen.

Wollten wir es auch? – Nein, wir wollten nach Hause, denn schon viele Landser sollten zurückgekehrt sein, erzählte man uns. Von Berlin nach Nordwesten, die Rollbahn Berlin – Hamburg wollten wir erreichen, dieses war Heinis und auch meine feste Absicht … Paulchen, ein ehemaliger Zugführer einer Kompanie übernahm die Führung, er gab an, »wir wollen mit einer Kolonne nach dem Norden, auch nach Berlin«. Heini und mir war es ganz recht, wir hatten ja unseren Plan, nach Hause, nach Hamburg.

Es war ein heißer Tag, und wir verspürten viel Durst. Bei jeder Plumpe wurde halt gemacht und getrunken. Heini und ich verdrückten das letzte Stückchen Leberwurst aus Kolkwitz. Es hätte nicht für alle gereicht, somit verzehrten wir es heimlich. Gegen 16.00 Uhr trafen wir in der Gegend von Märkisch Buchholz ein, und wir erlebten eine große Enttäuschung. Die Soldaten, Trosse und Kolonnen waren hier versammelt, die in der Nacht bei uns vorbeigezogen waren. »Es ging nicht weiter« … In einem großen Hochwald machten wir Rast und wissen nicht, was geschehen soll. Man erzählt viele Parolen, aber die alle wiederzugeben, gebrauche ich viele Seiten in meinem kleinen Tagebuch. Eine war glaubwürdig, um 18.00 Uhr soll ein Durchbruch erfolgen, von uns in Richtung auf Halbe. Unser Führer Paulchen, der lustige Geselle, ging zu einem Hauptmann, erklärte ihm unser Vorhaben und wir durften uns seinem Häuflein anschließen. Um 17.00 Uhr marschierten wir auf Märkisch Buchholz zu, wir waren nur 21 Mann geworden. Vor uns stattliche … Panther, Tiger und wie sie noch alle heißen, dann das Fußvolk und Zivilisten und den Abschluß bildeten Sturmwagen … waren gezwungen, sich hinter den Häusern, über Gärten und Gräben bis zur Rollbahn Märkisch Buchholz bis Halbe vorzuarbeiten.

Die Rollbahn führte durch Hochwald, und so waren wir gedeckt. Eines von den vielen Gerüchten kam uns hier zu Ohren, das verdient, daß ich es in mein Tagebuch schreibe. Um 17.05 Uhr ist auf allen Fernschreibern durchgekommen, »Deutschland hat Amerika und England um Frieden gebeten. Die Truppen im Westen sind auf dem Wege nach dem Osten! Dies wurde sogar von höheren Offizieren an uns weitergegeben. Aber es war alles Lug und Trug und war nur dazu bestimmt, unsere Kampfmoral zu steigern, die sehr gelitten hatte … da hatte sich alles in Halbe versammelt.

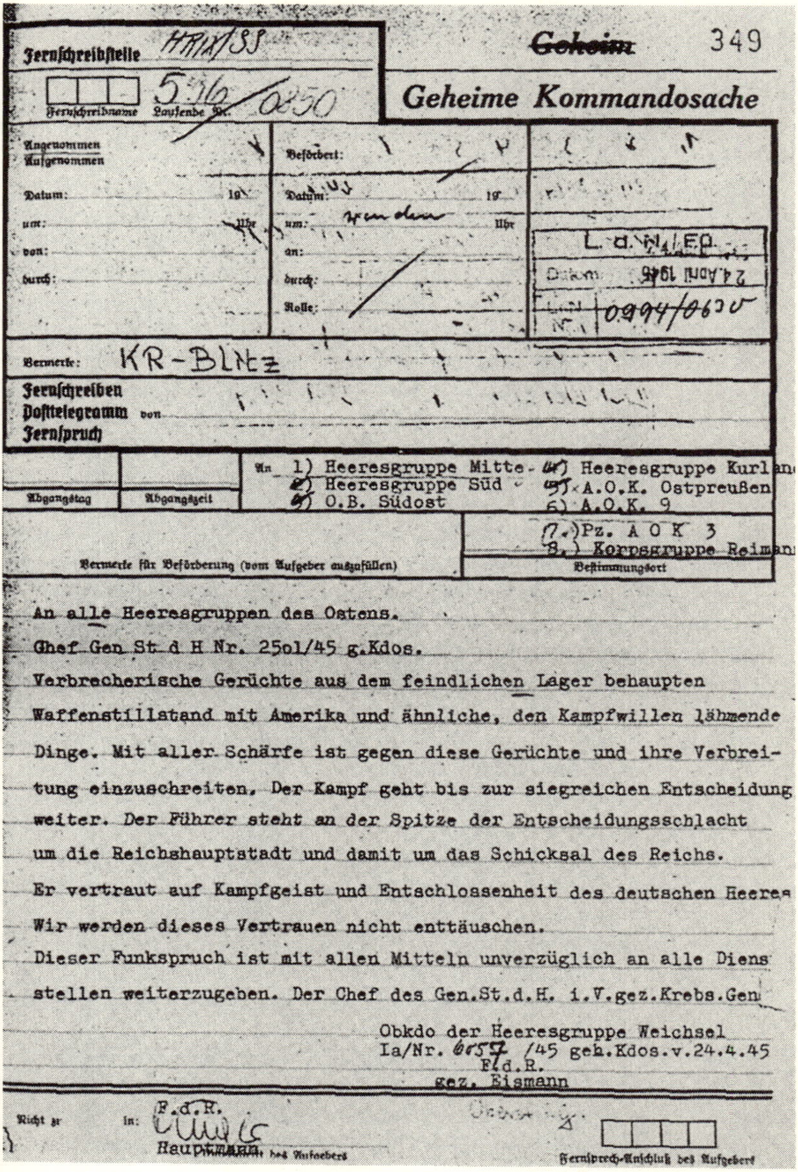
Fernschreibstelle KR IX/33

Geheim 349

Fernschreibname Laufende Nr. 536 / 0850

Geheime Kommandosache

Angenommen
Aufgenommen

Datum: 19

um: Uhr

von:

durch:

Befördert:

Datum: 19

um: ... Uhr

an:

durch:

Rolle:

L. d. N. I. E. P.

Datum 24 April 1945

Nr. 0994/0620

Vermerke: KR-Blitz

Fernschreiben
Posttelegramm von
Fernspruch

Abgangstag	Abgangszeit	An
		1) Heeresgruppe Mitte 2) Heeresgruppe Süd 3) O.B. Südost 4) Heeresgruppe Kurland 5) A.O.K. Ostpreußen 6) A.O.K. 9 7.) Pz. A O K 3 8.) Korpsgruppe Reimann

Vermerke für Beförderung (vom Aufgeber auszufüllen)

Bestimmungsort

An alle Heeresgruppen des Ostens.
Chef Gen St d H Nr. 25o1/45 g.Kdos.
Verbrecherische Gerüchte aus dem feindlichen Lager behaupten Waffenstillstand mit Amerika und ähnliche, den Kampfwillen lähmende Dinge. Mit aller Schärfe ist gegen diese Gerüchte und ihre Verbreitung einzuschreiten. Der Kampf geht bis zur siegreichen Entscheidung weiter. Der Führer steht an der Spitze der Entscheidungsschlacht um die Reichshauptstadt und damit um das Schicksal des Reichs. Er vertraut auf Kampfgeist und Entschlossenheit des deutschen Heeres. Wir werden dieses Vertrauen nicht enttäuschen.
Dieser Funkspruch ist mit allen Mitteln unverzüglich an alle Dienststellen weiterzugeben. Der Chef des Gen.St.d.H. i.V.gez.Krebs.Gen

Obkdo der Heeresgruppe Weichsel
Ia/Nr. 6057 /45 geh.Kdos.v.24.4.45
F.d.R.
gez. Eismann

Nicht zu ... in: F.d.R. ... Hauptmann ... des Aufgebers

Fernsprech-Anschluß des Aufgebers

Befehl gegen die Verbreitung von Gerüchten

Halbe glich einem Heerhaufen und über die Autobahn sollte es weitergehen.

Doch im Morgengrauen kam der Iwan mit Panzern auf der Autobahn herangerauscht. Schon krachten die ersten Schüsse aus seinen Panzerkanonen in Halbe herein. Zivilisten mit weinenden Kindern rannten durch die Straßen, Autos mit Verwundeten aus dem Lazarett fuhren dort kreuz und quer, die wilde Jagd begann. Die Panik wurde noch größer, als man in eine größere Ansammlung hineingeschossen hatte. Häuser fingen an zu brennen, Fahrzeuge brannten, und wir hatten uns alle verloren. Heini und ich, wir müssen zusammenbleiben, wir wollen zur Heimat ... Heini und ich kletterten auf ein beladenes fahrendes Auto und eine Wildwestfahrt begann. Wie es weiter gehen sollte, wußte keiner, vor und hinter uns eine wilde Schießerei. Wir kamen aus Halbe glücklich heraus, doch als es durch einen Ort gehen sollte, war dieser schon vom Iwan besetzt. Infanterie mit Panzerfäusten mußte vor, der Weg mußte freigekämpft werden für die Fahrzeuge. Unsere Panzer waren vornweg geeilt und so hatte man uns dem Iwan und unserem Soldatenglück überlassen... neuen Kessel und eine Hasenjagd hinter uns begann. Im ersten Ansturm gelang es einigen, durchzubrechen, doch der Rest, wozu Heini und ich gehörten wurde auf kleinem Raum zusammengedrückt ... Wir gewahrten einen Saniwagen, der im Walde auf schmalem Wege fuhr. Heini und ich sprangen auf ... Verwundete und Kriegsmaterial, alles blieb liegen. Zu unserem Unglück kamen nun auch noch feindliche Jäger, und wir wurden mit Bordwaffen beschossen. »Heini komm runter, in den Wald schrei ich«, und schon prasselte es auf den Wagen mit Bordwaffen hernieder. Der Wagen brannte aus, und alles flüchtete vom Wege in den Hochwald. Bomben schlugen bei uns ein, und die dürren trockenen Stellen des Waldes fingen an zu brennen von den Phosphorbomben. Heini und ich liefen nun immer weiter in den Wald hinein nach dem Westen, aber wir stießen auf Widerstand. Im Norden, im Osten und immer wieder stießen wir auf feindliche Panzer oder Infanterie ... Generalfeldmarschall Schörner fuhr stehend in seinem Wagen an uns vorüber und rief uns zu, »noch kampffähige Männer im Westen sammeln !«[1] Heini und ich hatten kein Gewehr mehr, wir wollten nicht kämpfen, doch trotzdem gingen wir zum Sammelplatz. Um 16.00 Uhr sollte ein Durchbrechen erfolgen. In westlicher Richtung erzählte man uns, da wir uns wieder in einem Kessel befinden ...

Viel an Panzern und Fahrzeugen besaßen wir nicht mehr in diesem Kessel, doch sollte alles mitmachen, und so wurde um 16.00 Uhr zum Angriff angetreten. Heinrich und ich besorgten uns ein herrenloses Gewehr, und auf ein Zeichen ging es durch den Wald bis zur freien Pläne vor ...

1 Ein Irrtum, der deutlich macht, was der einfache Soldat über Führung und Lage wußte. Wenn, kann es nur General Busse gewesen sein. d. Vf.

Heinrich und ich blieben am Waldrand liegen, war doch ein aussichtsloser Kampf, ... Ein Durchbruch oder ein Zurückdrängen des Feindes gelang uns nicht ... Um 18.00 Uhr sollte abermals ein Angriff erfolgen, sonst war alles verloren ... Wir stürmten mit einem lauten kräftigen »Hurra«. Doch als die ersten aus dem Wald wieder heraustraten, ging ein mörderisches Feuer auf uns los. Die ersten Kameraden brachen im Feuer zusammen. Da sahen wir Nebelhandgranaten, und alles war in kurzer Zeit vernebelt. Wir konnten aus dem Wald heraus ... aber der Feind schoß blind in die ... Wir wollten wieder am Waldrand bleiben, doch ein blutjunger Leutnant schreit uns an: »Vorwärts oder ich schieße Euch über den Haufen! Den Krieg gewinnen wollt Ihr, aber nichts dafür tun.« Heinrich stürmte schneller vor als ich und im Nu hatten wir uns verloren. Ich mußte über einen Graben springen, sprang zu kurz und saß nun bis über die Hüften im Wasser. Ich ging zurück, kletterte am anderen Ufer wieder hoch und kroch so bis zum Waldrand zurück. Man hörte nur das wilde Schießen ein herzzerreißendes Schreien der Kameraden ... Die braven Kameraden gaben ihr Letztes, sie konnten nicht mehr, alles brach in den eigenen Linien zusammen und man konnte nichts sehen, nur das Schreien hören: »Hilfe – rettet mich« ...

Ich wartete an ... auf Heini, und die Kugeln pfiffen mir um die Ohren, doch was kümmert mich das noch. Dann lief ich am Waldrand hin und her, aber mein Freund und Kamerad kam nicht ... Ich fragte Kameraden, doch keiner konnte mir Auskunft geben. Sie sind alle tot oder verwundet, sagte man mir, und wieder andere sagten: »Viele hat der Iwan kassiert!« ... Die Sonne verbarg ihr Gesicht, sie wollte nicht mehr scheinen für heute bei uns, da sank ich in die Knie, faltete die Hände, und in dieser Not sprach ich ein leises Gebet: »Herr, wofür haben wir dieses alles verdient!« Es lagen nicht einhundert Kameraden da, die die Kugeln ins Herz getroffen hatte, es lagen viele, viele braven Kämpfer im Gras, denen es nicht vergönnt ist, nach Hause zu ihren Lieben zurückzukehren ...

Ich in meiner größten Pein lief zurück zu den Fahrzeugen, holte meinen Brotbeutel und meine Feldflasche herunter, stahl mir ein Brot und eine Dose Fleisch von irgendeinem Wagen, es war mir alles gleich, und wollte nun mit einem Fahrrad den Durchbruch machen.

In die Gefangenschaft, – in den Tod, – oder sollte mir das Glück beschieden sein, in die Heimat, zu meinen Lieben ?

In der Dunkelheit traf ich Helmut. Mit Helmut haben Heinrich und ich die Stellung gehalten ... Auch er hat von Heinrich nichts gesehen und bemerkt ... Wir sprachen eine lange Zeit und nun wollte er mit mir weiter machen. Er verschaffte sich auch ein Fahrrad und gegen 22.00 Uhr fuhren wir beide in Richtung Teupitz auf einem Feldweg. Wir durften nicht lange fahren, denn aus der Richtung, in der wir fuhren, bekamen wir MG-Beschuß. Die Fahrräder wurden in den Graben geworfen, auf der Wiese stand eine verlassene Scheune, dahinter verkrochen wir uns und blieben in Deckung ... Wir waren nun elf Kameraden, die sich alle durchgeschlagen hatten. Als der Beschuß aufhörte, bat der Kraftwagenfahrer uns, seinen Wagen aus dem Graben zu heben, was wir auch wollten. Doch kaum hatten wir uns an dem Wagen zu schaffen gemacht, schon setzte ein neuer Beschuß ein. Da,–verflucht,–mit einem Male, ein Schmerz an meiner linken Hand, aber nur schnell zurück zur Scheune und in Deckung. Es hat mich erwischt, einen Durchschuß auf der linken Hand am Handgelenk... So endeten die Tage, der 25. und 26. April. Ich hat einen Kameraden, einen besseren gibt es nicht, ... schlug zum Streite, er ging an meiner Seite, im gleichen Schritt und Tritt ... Brust im Wassergraben saß ... an seiner Seite mit vorstürmen sollen und dich hätte auch eine feindliche Kugel getroffen! Feige war es nicht von mir, ich habe nicht nur an mein eigenes Leben gedacht. Ich muß (Unterstreichung i. Original) zurück, zu seiner Frau und ihr erzählen, wie es war. Dieses ist meine Pflicht und ich halte meinen Schwur.

Aber Dich, mein Freund Heinrich, werde ich nicht vergessen ...

Abschrift der Kopie im Besitz d. Vf.

Fernschreiben des OKL Führungsstabes an das Luftflottenkommando 6, 4 und West
(27.04.1945)

Nachfolgendes Fernschreiben zur Kenntnis: In dieser Lage des Krieges ist der Kampf mit letzter Konsequenz gegen den Bolschewismus zu führen. Jede verfügbare Kraft ist daher gegen den bolschewistischen Todfeind einzusetzen. Demgegenüber treten auch große Geländeverluste gegenüber dem Angloamerikaner in den Hintergrund. Jede Verlegung von Kräften vom Westen an die Ostfront unterliegt aber der Genehmigung des OKW.
gez. i.A. Jodl

BA-MA, RL 7/523, Bl. 208.

Aus der Tagesmeldung der Heeresgruppe Weichsel
(27.04.1945)

... Gegen die eingeschlossene 9. Armee (Unterstreichung im Original) setzte der Feind von Osten und Norden seine starken von Panzern und Schlachtflugzeugen unterstützten Angriffe fort. Der nahezu vollständige

Ausfall der Luftversorgung hat die Lage der tapfer Kämpfenden so verschärft, daß die erfolgreiche Durchführung der gestellten Aufgabe fraglich ist, falls die Versorgung in der heutigen Nacht nicht gelingt.

Das zum Durchbruchsangriff nach Westen angesetzte V. AK hatte nach den letzten Funkmeldungen mit der rechten Angriffsgruppe Mückendorf erreicht. Die linke Angriffsgruppe war bis in den Wald nordostwärts Baruth vorgestoßen. In der Absicht, den Ausbruch 9. Armee nach Westen zu vereiteln, führte der Feind auch hier stärkere Gegenangriffe. Er konnte von Süden bei der Försterei Massow und an der Autobahn den linken Angriffskeil durchbrechen und nördlich des rechten Angriffskeiles in Teupitz eindringen. Der Oberbefehlshaber der 9. Armee, General Busse meldet: »Haltung und Kampf bis zum letzten für 9. Armee selbstverständlich.«

BA-MA, RH 19 XV/10, Bl. 413 f.

Aus der Morgenmeldung der Heeresgruppe Weichsel
(28.04.1945)

<u>9. Armee</u>
Durchbruchsversuche mißglückt. Durch gepanzerte Angriffsspitzen mit wertvollsten Teilen gegen ausdrücklichen Befehl anscheinend nach Westen durchgebrochen oder vernichtet. Übrige Angriffsgruppen unter empfindlichen eigenen Verlusten zum Stehen gebracht, teilweise geworfen. Körperlicher und seelischer Zustand von Offizieren und Mann sowie die Munitions- und Betriebsstofflage gestattet weder erneuten planmäßigen Durchbruchsangriff noch langes Durchhalten. Besonders belastend ist die erschütternde Not der im Kessel zusammengedrängten Zivilbevölkerung.

Nur durch die von sämtlichen Generalen getroffenen Maßnahmen ist es gelungen, die Haltung der Truppe bis jetzt zu gewährleisten. ...

BA MA, RH 19 XV/10, Bl. 393.

Aus dem Erinnerungsbericht eines deutschen Soldaten über den Kessel von Halbe
(niedergeschrieben im Mai 1995)

... Als Angehöriger einer Pioniereinheit und gelernter Vermessungstechniker überstand ich glücklicherweise sämtliche Einsätze bei Stoßtruppunternehmen an der sogenannten Allakkurtti-Front, das Verlegen und die Aufnahme von Minen. Die dortigen Erlebnisse–obwohl nicht annähernd so schrecklich wie die späteren an der Oder bzw. im Kessel bei Halbe–ließen mich christlich erzogenen Jungen an meinem Glauben an einen Gott zweifeln und von der protestantischen Kirche abwenden.

Da man uns einfachen Soldaten die Lage in Deutschland und an den anderen Fronten wohlweislich verschwieg–manches jedoch durchsickerte–schwand beim Rückzug durch die Wälder Finnlands bzw. auf der Eismeerstraße nach Norwegen mehr und mehr der »Glaube« an den »Endsieg«! Befehlsgewohnt wie wir damals waren –Hitlerjugend und Wehrmacht hatten uns das ja zur genüge eingebleut–marschierten wir dann in den Wintertagen des Jahres 1944 in voller Kampfausrüstung, jede Nacht fünfzig Kilometer von Mo i Rana bis Oslo. Und das, obwohl es eine Eisenbahnlinie von dort bis Oslo bereits gab. Von Oslo verfrachtete man die ganze Division nach Aarhus in Dänemark. Dort wurde die Truppe aufgefüllt und auf weitere Kämpfe eingestimmt.

Dort sickerten ständig mehr Nachrichten vom Rückzug aus den eroberten Ostgebieten durch. Die Stimmung sank weiter, zu der sich die Ungewißheit über das Schicksal der Familienangehörigen gesellte. Bei mir war es die zunehmende Sorge um die Eltern und jüngeren Geschwister in Danzig. Im März 45 mehrten sich die Gerüchte von einem bevorstehenden Einsatz im Osten. Trotz emsigen Einsatz der Angehörigen der Propagandakompanie hofften viele von uns Soldaten und auch nicht wenige der Unterführer und unteren Offiziersdienstgrade, daß es nicht soweit kommen würde. Dann jedoch konnte man uns auch nicht mehr die wirkliche militärische Lage verheimlichen. Viele von uns ahnten, was uns blühte, als der Abmarschbefehl kam. Per Bahn gings an Flensburg und am brennenden Berlin vorbei gen Osten.

Am 15.4. wurden wir in Carzig bei Lebus ausgeladen und nach Mallnow in Marsch gesetzt. In die Stellung gelangten wir jedoch nicht mehr. Am 16.4. in der früh war dann am Ortseingang und im Dorf der »Teufel« los. Die bekannte Feuerwalze brach über uns herein. Ich fand Unterschlupf in einem Kartoffelbunker. Nur ein Gedanke bewegte uns und mich: »Hoffentlich triffts Dich nicht und Du entkommst den Russen.« Nur mein Bataillonskommandeur – ein »Blutsordenträger« – verteilte nach der Sammlung der Resttruppe in gewohnter Weise Durchhalteparolen. Kurze Zeit später auf dem Marsch in den Raum um den Scharmützelsee setzte er sich von seinen Leuten ab und ward nie mehr gesehen! Es muß so um den 18./19.4. im Raum Bugk-Kehrigk gewesen sein, wo wir die Angriffe sowjetischer Truppen mit Artillerie, Stalinorgel und Panzer zu überstehen hatten ... Nach mehreren heftigen Angriffen ... wankte unsere Frontlinie und wurde in die Gegend von Märkisch Buchholz zurückverlegt. Da die Munition knapp wurde und das Gerücht ging, wir seien eingekesselt, versuchten einige Soldaten und Gruppen sich bereits in Richtung Westen abzusetzen. Das aber erwies sich schnell als aussichtslos. Selbst als die Einheiten geschlossen nach Angriffen weiter zurückgedrängt wurden, geschah aus heutiger persönlicher Sicht Ungeheures. Einheiten der Waffen-SS und von den Feldjägern, »Kettenhunde« genannt, schossen auf uns oder hängten zurückgegangene Soldaten am nächstgelegenen Baum als Verräter oder Defätist auf!

Ein fürchterliches Durcheinander begann, als sich die Einschließung im Kessel Halbe/Teupitz bestätigte. Dann bekamen wir den Befehl zum Durchbruch nach Westen über die Autobahn hinweg. Mit einem älteren Kameraden, der ein Beiwagenkrad als Meldefahrer führte, überstanden wir zunächst einen Schlachtfliegerangriff an der Bahnüberführung Halbe. Im großen Durcheinander erreichten wir schließlich die Autobahn. Was ich dort mit ansehen mußte, verfolgt mich noch heute manchmal im Traum. Viele Soldaten und besonders Verwundete glaubten sich auf gepanzerten Fahrzeugen sicher. Beim Versuch, die Autobahn zu überqueren und sich in Richtung Westen absetzen zu können, stürzten viele von den Fahrzeugen und wurden von diesen überrollt und elendig zerquetscht. Das war ihr »Heldentod« kurz vor Kriegsende! Das Geschrei und Gestöhn nach Sanitätern oder Vater und Mutter war wirklich grauenvoll, selbst für jemanden wie mich, dessen Kamerad an der Seite von S- oder T-Minen zerrissen wurde. In der Folgezeit – unsere Einheit sahen wir nicht wieder, wurden wir bis runter nach Baruth abgedrängt. Mein Kamerad sollte dort an einem vorgeblichen Gefechtsstand eine Meldung überbringen. Das gelang uns schließlich, obwohl wir wieder in dem unbekannten Gelände dem Beschuß sowjetischer Panzer ausweichen mußten. Der vorgebliche Gefechtsstand war bereits geräumt. Nur ein junger Leutnant war noch da, der die Meldung schließlich annahm. Er befahl uns, der gerade vorbeimarschierenden SS-Kampfgruppe zu folgen, die noch zwei DO-Werfer besaß. Bei Kummersdorf/Gut stießen wir auf eine Versorgungseinheit der Sowjets. Sie wurde zersprengt, und wir nutzten die Gelegenheit, mal wieder nach Tagen ein warmes Essen einzunehmen. Als jedoch russische Panzer ins Blickfeld rückten, wichen wir erneut zurück. Der Kolonne folgend sahen wir auf einer offenen Lichtung einige Soldaten oder Offiziere in deutschen Uniformen, aber mit einer gelben Armbinde. Es waren Angehörige des NKFD. Die SS nahm sie sofort gefangen und erschoß sie an Ort und Stelle ... Kurz danach erfuhr mein Kamerad davon, daß für den nächsten Morgen ein Durchbruchsversuch geplant sei. Das war bereits in der Nähe von Liebätz, was wir aber nicht wußten, da wir keine Karten besaßen. Mein etwas älterer, bereits verheirateter Kamerad sagte plötzlich zu mir: »Lothar, hier ist für uns Schluß!« ich fahre nicht mehr weiter. Nachdem zwischen uns und der SS-Kampfgruppe genügender Abstand hergestellt war, zeigte er auf ein sumpfiges Gelände. Da standen, umgeben von vielen dichten Büschen, auch Birken auf festem Grund, so wie wir es von Finnland her kannten. Schnell schnappten wir unsere Rucksäcke und Waffen und hinein ging's in das sumpfige Gelände, was zu unserem Glück niemand bemerkte. Gut getarnt, wie gelernt, konnten wir uns dort einigermaßen sicher fühlen, was man damals als sicher bezeichnete. In den frühen Morgenstunden Gefechtslärm in der Nähe. Dann plötzliche Stille. Am Vormittag hörten wir Rufe, die offensichtlich aus dem Dorf kamen. Zwei Tage blieben wir in unserem Versteck. Erst als uns dann der Hunger plagte, kein Waffenlärm mehr zu hören war, legten wir mit unsren Finnendolchen die relativ starke Birke um, die uns über das Nuthebett hangeln ließ. Dann, als wir uns sicher wähnten, wagten wir den Sprung auf die vor uns liegenden Wiesen vor den ersten Häusern des Dorfes. Dort waren Gräben ausgehoben, die uns bei dem damals herrschenden sonnigen Frühlingstagen zunächst verbargen. Wir stillten unseren Hunger an weggeworfenen eisernen Rationen. Der Durst aber trieb uns unter Beachtung aller Vorsichtsmaßregeln ins nahegelegene erste Haus. Rotarmisten befanden sich im Dorf zu dem Zeitpunkt glücklicherweise noch nicht. Wie mir jetzt ein kriegsuntauglicher älterer Herr erzählte, saßen die wenigen Dorfbewohner in den Kellern. Russen kamen erst einige Tage später. Noch nach dem 1. Mai waren außerdem immer noch kleine Gruppen von deutschen Soldaten aus dem Raum der Kesselschlacht gekommen.

Wir beide aber machten uns sofort wieder auf den Weg immer in Richtung West. Stets durch die Wälder ziehend und alle Ortschaften meidend, gelang uns im tagelangen Marsch die Bahnlinie Berlin – Halle bei Brück zu erreichen und zu überschreiten. Bei Cammer vergruben wir unsere Waffen und machten den persönlichen Kriegsschluß. Von der inzwischen erfolgten Kapitulation wußten wir natürlich nichts! Schließlich gelangten wir beide auf etwas abenteuerliche Weise mit nur einstündiger Gefangenschaft im ehemaligen Panzerwerk Ziesar bis Parschau an der Elbe, wo mein Kamerad zu Hause war. Ich selbst habe dann später im Juli nach schwimmender Überquerung der Elbe gesund meine Eltern und Geschwister wiedergefunden …

Original im Besitz d. Vf.

Protokoll des Verhörs Nr. 38 des Korück, Generalleutnant Friedrich Bernhard

(in Gefangenschaft geraten am 29.04.1945 im Raum Neuendorf, nw Beeskow)

Friedrich Bernhard, geboren 1883 in Bad Harzburg, Gymnasium, parteilos, Militärdienst seit 1909.

Frage: Über welche Angaben verfügte das deutsche Oberkommando für die Angriffsvorbereitungen der russischen Truppen? Welche Gegenmaßnahmen unternahm das deutsche Oberkommando? Welche Befehle gab die oberste deutsche Führung?

Antwort: Ich kann mit Bestimmtheit sagen, daß unser Oberkommando über äußerst genaue Angaben über die russischen Vorbereitungen zum Angriff auf Berlin verfügte. Im Detail: Am 5. oder 6. April fand beim Oberbefehlshaber der 9. Armee – General Busse – eine Beratung statt. Teilnehmer waren die Kommandierenden Generäle der Armeekorps, ich selbst, die Chefs der Stäbe und die Leiter der Dienste der 9. Armee.

Der Leiter der Aufklärung 9. Armee – Oberstleutnant (Familienname kenne ich nicht) hielt einen Vortrag und erläuterte, daß uns Truppen des Marschall Shukows gegenüberstehen, daß nach Beendigung der Kämpfe in Ostpommern zwei Panzerarmeen hierher verlegt wurden und daß die Russen bei Panzer und Artillerie eine zehnfache und bei Infanterie eine fünffache Überlegenheit besitzen.

Der Leiter Operativ (Ia) des Stabes der Armee – Oberstleutnant i.G. Eife – sprach darüber, daß die Sperrzone der 9. Armee auf der allgemeinen Linie Eberswalde – Strausberg – Müncheberg – Scharmützelsee – Schwielochsee verläuft und in der Hauptsache mit Pioniertruppen und Volkssturmeinheiten besetzt ist; das sind äußerst geringe Kräfte. Er sagte auch, daß auf Befehl Hitlers alle Ersatztruppenteile, die in Berlin disloziert sind, diese Sperrzone zu besetzen haben. In diese Zone wurde auch eine Panzerjagdbrigade der Hitlerjugend befohlen. Sie umfaßte etwa 2 000 Mann.

Auf dieser Beratung trat auch General Busse selbst auf. Er erklärte, es gibt einen Befehl des Oberkommandos der Wehrmacht:

1. Auf der gesamten Frontlänge wurde eine tiefgestaffelte Verteidigung geschaffen, diese Stellungen reichten bis zur Sperrzone der Armee. Im Streifen der Sperrzone waren alle Ortschaften zu Stützpunkten ausgebaut. Die Feldbefestigungen in dieser Zone zogen sich bis zur äußeren Sperrzone von Berlin hin. Das heißt, die Verteidigungsstellungen erstreckten sich über die gesamte Tiefe–von der Oder bis Berlin.
2. Das Oberkommando der 9. Armee verstärkte hauptsächlich die Divisionen der ersten Staffel und besonders die der Reserve als entscheidende Stoßkraft (4 Divisionen).
3. Im Raum Berlin sowie in der Hauptstadt selbst wurde eine große Anzahl von Volkssturmbataillonen aufgestellt.

Frage: Welche Einheiten der 9. Armee befanden sich im Kessel? Wer gehörte zu den Führungskräften der 9. Armee ? Welche Befehle gab das deutsche Oberkommando?

Antwort: Im Kessel befanden sich die Reste der Divisionen des XI. SS-Panzerkorps, des V. SS-Gebirgskorps, des V. Armeekorps (von der 4. Panzerarmee), Volkssturmeinheiten und verschiedene Einheiten der Rückwärtigen Dienste.

Ich rechne, daß sich im Kessel 50 000 Mann Kampftruppen und bis 10 000 Mann Volkssturm befanden. Zusammen mit Einheiten der Rückwärtigen Dienste befanden sich im Kessel bis 150 000 Mann.

Im Kessel befanden sich auch: die gesamte Führung der 9. Armee, darunter General Busse und die Offiziere des Stabes, die Kommandeure und Stäbe des XI. SS-Panzerkorps, des V. SS-Gebirgskorps, des V. Armeekorps sowie höchste und höhere Offiziere der Rückwärtigen Dienste.

Der Befehl des deutschen Oberkommandos lautete: Halten bis zum letzten Soldaten. Unter allen Umständen sind die besetzten Abschnitte zu halten, und es sind keine Durchbruchsversuche zu unternehmen. Es war versprochen, durch Luftversorgung zu helfen, aber es zeigte sich, daß das Oberkommando nicht in der Lage war, dies zu verwirklichen.

Am 28. April erkannte Busse den »Verrat« an der 9. Armee und schickte einen Funkspruch mit dem Inhalt: »Es scheint, die 9. Armee ist bereits abgeschrieben ....« Und dann gab Busse den Befehl zum Durchbruch,

Die deutschen Verbände sollten in drei Gruppen nach Westen durchbrechen. Den Weg für den Durchbruch der Truppen sollten die noch vorhandenen Panzer der Armee ebnen. Bei ihnen sollte auch General Busse sein. Der geplante Durchbruch scheiterte. Der Hauptgrund, der Busse zum Entschluß für den Durchbruch veranlaßte, war ganz offensichtlich der Mangel an Munition zum weiteren Widerstand im Kessel. Am 28.4. war noch für zwei Tage Munition vorhanden. Es bestand absolut keine Hoffnung auf eine Versorgung aus der Luft.

Frage: Kennen Sie die Führungspersonen der 9. Armee?

Antwort: Die 9. Armee gehörte zur Heeresgruppe Weichsel. Bis Mitte März führte der Reichsführer SS Himmler die Heeresgruppe, danach Generaloberst Heinrici. Der Leiter Operativ (Ia) war Oberst Eismann. Oberbefehlshaber der 9. Armee war General der Infanterie Busse, Generalstabschef Generalmajor Hölz, Oberquartiermeister Oberstleutnant im Generalstab (i.G.) Schwanebeck. Kommandierende Generale der Korps waren:

- LVI. Panzerkorps – General der Artillerie Weidling,
- V. Armeekorps – General der Artillerie Waeger,
- V. SS-Gebirgskorps – Obergruppenführer und General der Polizei und Waffen SS Jeckeln
- XI. SS-Panzerkorps – Obergruppenführer und General der Waffen SS Kleinheisterkamp.

Frage: Wo befanden sich die Dislozierungsräume des Stabes der 9. Armee?

Antwort: Bis Ende März befand sich der Stab in Fürstenwalde. Vom 1. bis 3. April verlegte er nach Bad Saarow. Der letzte Platz war im Raum der Ortschaft Hermsdorf (nördl. Märkisch Buchholz).

Voenno-istoriceskij zurnal, Moskau 1989, Heft 9, S. 29 ff. Übers. d. Vf.

Tagebuchaufzeichnungen des Frontkorrespondenten und Schriftstellers K. Simonow
(ohne Datum)

... Kurz bevor wir den großen Berliner Ring erreichen, bietet sich uns ein Anblick, der mir sicher unvergeßlich bleiben wird. In dieser Gegend ist die Autobahn zu beiden Seiten von dichtem Wald gesäumt, den nach beiden Seiten eine Schneise durchquert, deren Enden nicht erkennbar sind.

Die deutschen Truppen, die noch immer an der Oder standen, während schon in Berlin gekämpft wurde, haben diese Schneise als Weg benutzt und von hier aus versucht, über die Autobahn durchzustoßen. Der Schnittpunkt von Schneise und Autobahn, den wir jetzt erreichen, ist offenbar heute vor Tagesanbruch, nur wenige Stunden zuvor, zum Ort ihrer endgültigen Niederlage geworden. Vor uns liegt Berlin, die Schneise zu rechter Hand ist vollgestopft mit ganz unwahrscheinlichen Gebilden – Eine Anhäufung von Panzern, PKWs, Panzerspähwagen, LKWs, Spezialfahrzeugen, Sanitätswagen. All das türmt sich buchstäblich aufeinander, ist umgekippt, ragt in die Luft. Offenbar bei dem Versuch, umzudrehen und sich zu retten, haben die Fahrzeuge Hunderte von Bäumen um sich herum niedergewalzt. Und in diesem Chaos aus Eisen, Holz, Waffen, Koffern, Papieren liegt inmitten eines verbrannten und geschwärzten Etwas, von dem ich nicht weiß, was es ist, eine Anhäufung verstümmelter Leiber. Und all das zieht sich die Schneise entlang, so weit das Auge reicht. Und ringsum im Wald – Tote, Tote und nochmals Tote. Es sind die Leichen derer, die unter dem Feuer auseinanderliefen. Tote und, wie ich auf einmal sehe, daneben Lebende. Es sind Verwundete, auf Decken oder Mäntel liegend, an Bäume gelehnt sitzend, die einen verbunden, andere blutend und noch nicht verbunden. Ein Teil der Verwundeten – ich bemerke das erst später – liegt direkt entlang dem Straßengraben. Dann sehe ich, daß sich zwischen den Verwundeten andere Gestalten bewegen, offenbar Ärzte oder Sanitäter. Dies alles liegt auf der rechten Seite. In der Mitte verläuft die Autobahn, eine breite asphaltierte Straße, schon für den Verkehr gesäubert. Auf einer Strecke von zweihundert Metern ist sie mit kleinen und großen Trichtern übersät, die die nach Berlin fahrenden Militärwagen im Zickzack umfahren. Zu linker Hand verläuft weiter die Schneise. Ein Teil der deutschen Kolonne, die schon über die Autobahn gestoßen war, wurde hier vernichtet. Wieder, so weit man sehen kann, ein Gemisch verbrannter, zertrümmerter, umgekippter Wagen. Wieder Tote und Verwundete. Wie mir ein Offizier in aller Eile berichtet, wurde diese ganze Riesenkolonne von mehreren Regimentern schwerer Artillerie und einigen Regimentern »Katjuschas« unter Beschuß genommen. Sie waren vorher in der Nähe konzentriert worden und hatten sich auf diese Schneise eingeschossen, da die Vermutung nahelag, daß die Deutschen hier einen Durchbruchsversuch unternehmen würden.

Wir haben diesen Ort des Schreckens hinter uns gelassen und erblicken nach einigen Kilometern eine Kolonne von fünf oder sechs Sanitätswagen, die uns entgegenkommt. Offenbar hat jemand Anweisung gegeben, aus unseren Sanitätsbataillonen Verstärkung zu schicken. An den Ausmaßen dieser Schlacht gemessen, sind diese ersten fünf oder sechs Wagen jedoch nur wie ein Tropfen auf den heißen Stein ...

K. Simonow, Kriegstagebücher, Berlin 1965, S. 105 f.

Aus einem Schreiben des ehemaligen Kommandeurs der 32. SS-Gren.Div. »30. Januar«

... Meine letzte Verbindung zu General Busse war ein Funkspruch, in dem er mir mitteilte, daß er versuchen wolle, bei Potsdam eine vorhandene Lücke im Einschließungsring zu erreichen, um von außerhalb des Kessels die Führung der Armee fortzusetzen. Mich beauftragte er, die einzelnen erreichbaren Teile als Nachhut zu führen und nach eigenem Entschluß, entweder nach Berlin oder in Richtung Elbe (12. Armee) durchzubrechen. Nach Erhalt dieses Befehls sah ich mich veranlaßt, den letzten Gegenangriff von ... mit seinem Btl. (bei Hermsdorf ?) anzuhalten und abzubrechen und die Übergabe des Hauptverbandsplatzes mit ca. 2 000 Verwundeten an die Russen anzuordnen. – Wann Busse und überhaupt durch Halbe gekommen ist, kann ich nicht mehr ... sagen, denn ich habe ihn nicht mehr gesehen.

Als ich mit meinem Stab (Ia, Ic, Or. u. ...) vor Halbe eine Waldlichtung erreichte, fand ich dort mehrere 1 000 Soldaten vor, die aufgegeben hatten, Mengen ausgebrannter Panzer, Omnibusse, LKW usw. vor. Die allgemeine Auffassung war, ein Weiterkommen sei unmöglich ! Ich hatte deshalb noch eine Auseinandersetzung mit Jeckeln z.Zt. Kommandierender General V. Korps.

Dem Führer der Begleitkp. Fahland befahl ich zu warten und begab mich mit meinem Stab nach Halbe (während eines Luftangriffs) und kam durch. Menschen waren nicht zu sehen, Leichen jede Menge, Braun ging dann zurück und hat die Kp. nachgeholt. Nach Ihrer Schilderung nehme ich an, daß Sie das gewesen sind, denn wir kamen vom Forsthaus Hammer...

Ich entsinne mich noch an einen zerschossenen LKW hinter Halbe, der offenbar Sold geladen hatte, denn die Scheine lagen im Gelände umher, aber niemand hat sich darum gekümmert.

Bevor wir dann bei Beelitz die Nachhuten der 12. Armee erreichten, haben wir noch mit Hilfe bewaffneter Frauen eine russische Artilleriestellung angegriffen, deren Geschütze nach Westen gerichtet waren und die nicht mehr dazu kamen, sie auf uns zu richten.

Wir waren total erschöpft, denn in 2 Wochen gab es weder Schlaf noch Verpflegung noch sonst irgendeine Art von Versorgung.

Nach meiner Meinung hätte es zu diesem Zusammenbruch und dem Verrat an den Soldaten nicht kommen müssen, wenn man nach der erfolgreichen Invasion im Sommer 44 kapituliert hätte.

Truppen, die nicht mehr versorgt werden können, in einen aussichtslosen Kampf zu schicken, ist in meinen Augen ein Verbrechen ....

Kopie im Besitz d. Vf.

Funkspruch des Chefs des OKW, Generalfeldmarschall W. Keitel, an Generalleutant A. Winter, Chef des Führungsstabes Süd (B)
(30.04.1945)

Entsatzversuch Berlins gescheitert. Stadtkern eng umschlossen im Endkampf. Armee Wenck soll sich ostwärts der Elbe zur H.Gr. Weichsel, 9. Armee über Treuenbrietzen durchschlagen.

Absicht Raum Nord:
Alle Kräfte zwischen Elbmündung – Havelberg – Rostock zusammenschließen und Verbindung mit Dänemark aufrechterhalten.

Auftrag für Süd:
Zusammenschluß aller Fronten in großem Ring herstellen und erhalten mit Schwerpunkt Osten, um möglichst viel Raum vor dem Bolschewismus zu retten. H.Gr. Süd der H.Gr. Mitte unterstellen. Wenn keine Verbindung mit hier, selbständige Entscheidungen über ganzen Südraum treffen. Kampf um politischen Zeitgewinn muß fortgesetzt, jeder Versuch einer politischen oder militärischen Auflösung mit rücksichtsloser Gewalt nie-

dergeschlagen werden. Nur dadurch können wir dem Volk Hilfe und Rettung vor der Anarchie bringen.

OKW mit Himmler, Dönitz, Greim in enger Verbindung. Reichskanzlei durch Funk noch zu erreichen.

MA, W. 30.10./6, Bl. 816 f.

Aus den Erinnerungen eines aus Berlin stammenden Soldaten
(Niederschrift vom November 1995)

... Alles war dann Rückzug, zunächst Richtung Fürstenwalde, dann immer südlicher, weil die Russen uns längst in Richtung Berlin überholt hatten, bis wir alle im Kessel von Halbe landeten.

Hier passierte nach ein paar Tagen etwas wahrscheinlich Seltenes, unsere noch verbliebenen 2 Offiziere bzw. Unteroffiziere teilten uns mit, wir seien eingekesselt mit vielen Einheiten und Flüchtlingen, Befehle ergäben keinen Sinn mehr, jeder sei jetzt auf sich selbst gestellt, die Einheit hätte keine Funktion mehr.

Es war eine sogenannte »Rette-sich-wer-kann«-Parole.

Mit einem Freund überlegten wir, was zu tun sei, und kamen auf die kuriosesten Gedanken. Wir sind dabei in den Wäldern herumgewandert. Überall Flüchtlinge, Soldaten. Tote im Wald, ein Bild völliger Ratlosigkeit. Das Zusammenschießen des Kessels hatte noch nicht begonnen. Jedenfalls kamen wir an eine Stelle, an der die Menschen, Flüchtlinge und Soldaten zu laufen begannen. Ohne zu wissen, warum man rannte, schlossen wir uns dem allgemeinen Gerenne an, übersprangen dabei plötzlich russische Gräben, in denen ängstliche russische Soldaten hockten, denen wir nichts taten, weil wir nur weiter wollten. Diese hatten ihre Gewehre weggeworfen und fürchteten uns. Manche hielten es dann für am Besten, mit uns zu laufen, weil sie selber dies für sich am sichersten hielten.

Erst als wir Teurow erreichten, kamen wir auf freies Gelände, und hier gehörte schon der Mut der Verzweiflung dazu, über eine Wiese zu laufen, die von drei Seiten einsehbar und unter Beschuß stand. Der ungeordnete Haufen hat, glaube ich, am Ortseingang von Teurow (das Ortsschild habe ich noch heute vor Augen) nur kurz gezögert und ist dann losgelaufen. Unter starkem Beschuß von vorn und allen Seiten liefen wir am Ort vorbei planlos, ungeordnet und völlig deckungslos auf ein Waldstück zu. Es gab viele Verluste, jeder schoß, Freund und Feind. Der Feind auf den rennenden Haufen, der Freund zur eigenen Beruhigung irgendwohin. Ein Zielen war gar nicht möglich, denn niemand wollte stehen bleiben und die russischen Soldaten waren in guter Deckung und boten gar kein Ziel. Wenn ich von Haufen rede, dann ist es für mich schwer zu schätzen, wie groß der Haufen war. Aus meiner Sicht handelte es sich um mehrere tausend Personen.

Einem Unteroffizier mit einem Bauchschuß habe ich noch bis an den Waldrand geholfen, dann mußte ich ihn seinem Schicksal überlassen. Es war wegen der benannten Situation auch nicht festzustellen, ob Tote und Verwundete ausschließlich durch feindliches Feuer verursacht wurden. Ich selber vermute stark, daß die eigenen Leute auch von eigenen Kugeln getroffen wurden.

Als wir den Wald endlich erreichten, trafen wir auf eine verlassene russische Artilleriestellung, die völlig intakt war. Damit war klar, daß uns ein Ausbruch gelungen war. Nach kurzer Sammlung zog der Haufen von Soldaten, Flüchtlingen, auch russischen ängstlichen Soldaten, weiter durch die Wälder. Eine Befehlsstruktur war nicht erkennbar. Man lief den wenigen nach, die »vorne« immer noch mutig weitergingen.

Keiner wollte mehr kämpfen, jeder wollte nach Hause, und wenn in Gefangenschaft, dann lieber zu den Amerikanern. Pausen, die man einlegte, waren mehr oder weniger Erschöpfungspausen. Aber auch hier gab es noch die Verbohrten. Die Russen, die mitgelaufen waren, waren uns eigentlich egal, wir wollten weder Gefangene machen, noch ihnen etwas antun. Im Gegenteil, die wenige Verpflegung teilten wir bei unseren Pausen auch mit ihnen, die uns ängstlich anschauten. In einem Falle jedoch kam plötzlich ein junger SS-Mann, eh wir uns versehen konnten, erschoß er ohne Kommentar in unserem Beisein den wehrlosen Russen. Unsere Reaktion war, wir müßten ihn auch erschießen. Jedoch wußten wir nicht, wie andere darauf reagieren würden, die wir alle nicht kannten. Die Angst des Terrors wirkte noch nach.

Als wir Baruth erreichten, erlebten wir jetzt zum ersten Mal etwas Widerstand. Granatwerferfeuer kam uns entgegen, als wir die Straße überqueren wollten. Dabei wurde ich zum ersten Mal verwundet, ein Granatsplitter blieb in meinem Oberschenkel stecken. Nach kurzer Zeit konnten wir das Feuer umgehen und gingen weiter durch die Wälder, jede Kampfhandlung vermeidend, Richtung Luckenwalde. Zunächst konnte ich noch laufen, dann verstärkten sich meine Laufbeschwerden, ein Freund half mir zwar, aber ich war jetzt Ballast bei der Flucht. Als wir zu dritt durch ein Waldstück gingen, gerieten wir wiederum in Granatwerferfeuer und wurden alle drei verletzt.

Zum zweiten Mal bekam ich, nun aber mehrere, Granatsplitter in meinen Oberschenkel. Nun eigentlich schwerverletzt, mein Bein wurde abgebunden, schleppten wir uns aus dem Feuer. Schließlich legte man mich auf den Kotflügel eines Sanitätswagens, dem nach kurzer Zeit das Benzin ausging. Ein Versuch, zu Fuß weiterzukommen, war vergeblich. Ich blieb im Straßengraben liegen und schlief ein. Ich hatte mich in mein Schicksal ergeben. Nach einiger Zeit hielt in meiner Nähe überraschend ein deutscher Lastwagen voller Verwundeter und lud einen Toten aus. Dies benutzte ich, um auf mich aufmerksam zu machen, mit dem Ergebnis, daß ich aufgeladen wurde. Hinten auf der mit einer Kette befestigten Ladeklappe sitzend, fuhren wir in Richtung Luckenwalde.

Naturgemäß sammelten sich viele Fahrzeuge mit Verwundeten, die nicht ausweichen konnten und die Straße benutzen mußten. Lastwagen, Pferdefuhrwerke voll beladen mit Verwundeten versuchten Straßenkurve für Straßenkurve Luckenwalde zu erreichen. Kurz vor dem Ort kamen von hinten 3 russische Panzer mit einer weißen Fahne und wollten unsere Übergabe erreichen. Statt dessen war irgendein besessener Soldat so unvernünftig und schoß in dieser Situation mit einer Panzerfaust einen Panzer in Brand. In Panik fuhr die Kolonne um die nächste Kurve. Die zwei russischen Panzer gingen in Stellung und beschossen von hinten Fahrzeug für Fahrzeug mit den hilflosen Verwundeten. Viele starben an dieser Stelle völlig unnötig.

In Panik fuhr alles um die nächste Kurve. Die Straße war durch mehrere russische Panzer versperrt. Wir ergaben uns und wurden nach Teupitz geleitet. Angemerkt sei hier, daß die russischen Soldaten, die uns gefangen nahmen, uns freundlich behandelten. Sie begrüßten uns freundlich und gratulierten uns zum Ende des Krieges. Ein paar Kilometer weiter begann bei rückwärtigen Einheiten das bekannte »Uri, Uri« Gefrage. In der Nervenklinik wurde ein Haus geräumt und ca. 1 500 Verwundete zogen ein. Rationell wurden Leichtverwundete in die 2. Etage verlegt, Schwerverwundete kamen ins Erdgeschoß. (Die Toten konnten somit schneller abtransportiert werden). Mit meiner Verwundung und dem immer noch abgebundenen Bein (d.h. viel zu lange) kam ich in die 1. Etage. Versorgt wurden wir durch einen deutschen Arzt und 2 Krankenschwestern. Alles andere Hilfspersonal waren Flüchtlinge, die im Ort wohnten.

Medikamente waren nicht vorhanden, was vorhanden war, wurde von einigen Mutigen aus den Rucksäcken der Toten geholt, die in den Wäldern von Halbe überall zu finden waren. Verbunden mit Zeitungspapier, so gut wie nichts zu essen, man kochte irgendwelche Wassersuppen, begann das große Sterben an der Sepsis, die praktisch alle hatten. Die kleinste, normalerweise harmlose Infektion wurde zu einer großen Allgemeininfektion. 600 Tote in den ersten 6 Wochen kamen nach Halbe auf den Friedhof. Die russische Armee hatte zu diesem Zeitpunkt anderes zu tun, als sich um diesen verlorenen Haufen zu kümmern. Ein Posten am Eingang war alles. Die Unordnung und das bestehende Durcheinander waren so groß, daß auch Tote unter falschem Namen beerdigt wurden. Ein Beispiel namens »Telemann« ist mir heute noch in Erinnerung.

Da immer wieder Flüchtlinge in Richtung Berlin gingen, versuchte ich in diesen Wochen meinen Eltern eine Nachricht zukommen zu lassen, die zu diesem Zeitpunkt noch von keinem ihrer 4 Söhne eine Nachricht hatten. Dies gelang nach 6 Wochen. Meine Mutter hatte mich sofort unter den widrigsten Umständen aufgesucht. Sie erkannte die Situation, die mir selbst als jungem Menschen noch gar nicht so bewußt war, und handelte.

Innerhalb einer Woche organisierte sie einen Tempowagen und das notwendige Benzin und kam mit einer Rotkreuzarmbinde in das Krankenhaus gefahren. Die Schwester hatte geraten zur Mittagszeit, da der russische Posten dann nicht da sei. Mein Freund und ich wurden aufgeladen, und ab ging es. Sie hat später davon gesprochen, wie nah es ihr gegangen sei, die vielen Bitten um Mitnahme abschlagen zu müssen.

Kurz hinter der Klinik wurden wir durch einen russischen Offizier angehalten, der nur mitgenommen werden wollte. Dieser auf dem Führerhaus sitzende Offizier und die sichtbare Rotkreuzbinde meiner Mutter öffnete jeden errichteten Schlagbaum. Die russischen Soldaten salutierten dem Offizier und öffneten den Schlagbaum. In Berlin verabschiedete sich der Offizier, bedankte sich und wünschte alles Gute.

In Berlin kam ich in ein Krankenhaus, wurde versorgt mit den spärlich verfügbaren Mitteln, mehrfach operiert und konnte im November 1945 die Klinik verlassen …

Archiv der Gedenkstätte/Museum Seelower Höhen.

Das Schicksal des Stabes Flakregiment 107 (o) im Halbekessel
(ohne Datum)

…

Mittwoch, den 18.04.45, ca 09. Uhr. Wir lagern vor dem Wald in einem kleinen Kuschelgelände. Vor uns in ca 2 – 3 km liegt ein Ort, nach der Karte Krausnick, was sich später bestätigte. Ein Vorkommando ist unterwegs und erkundet die Lage und mögliche Weiterfahrt. Meldungen sind keine zu erhalten. In unserem Nahbereich sind keine anderen Einheiten vorhanden. Die russ. Luftwaffe ist sehr rege, vereinzelte Maschinen und Gruppen von mehreren Flugzeugen greifen alles an, was sich am Boden bewegt. Die Weiterfahrt ist nur bei Dunkelheit möglich. Um die Mittagszeit waren wieder einmal russ. Flugzeuge in der Luft und in bedenklicher Nähe und sehr niedrig über unseren Köpfen geflogen. Bemerkt hatte man uns offenbar nicht, obwohl er höchstens 200 m hoch flog. Beim nächsten »Vorbeiflug« starteten wir mit unsern Infanteriesturmgewehren ein gezieltes Massenfeuer mit Leuchtspurgeschossen, leider ohne Erfolg. Einem seit kurzem zu uns gehörenden Oberleutnant der Luftnachrichten, braune Spiegel, erschien es wohl sehr riskant, was wir da veranstalteten, sicherlich hatte er wohl auch Angst, der Iwan würde uns entdecken, jedenfalls stauchte er mich als den »Spiritus rector« zusammen. So ganz Unrecht hatte er damit nicht, so gaben wir also die weiteren Versuche auf.

Es wäre ja auch ein Zufall 1 : 100 000, einen von den Jabos runterzuholen. Mit Beginn der Dunkelheit machen wir uns auf den Weg und bleiben vor Märkisch Buchholz in einem Wald bis zum nächsten Tag.

Donnerstag, 19.04.45

Bis ca 11. 00 Uhr bleiben wir im Wald von Märkisch Buchholz. Ein Vorkommando fährt nach Birkholz, Quartierbeschaffung. Nach erfolgter Erkundung fahren wir mit den Resten unseres Stabes nach Birkholz, vermutlich über Märkisch Buchholz. Den genauen Weg dorthin kann ich nicht beschreiben, denn wir, das sind 2 Soldaten und zwei Lw-Helferinnen, sitzen mit mir zusammen im sogen. Campingwagen, der nur vorn und hinten ein kleines Fenster hat, aus denn man nicht alles erkennen kann. Unser Gef.-Stand war in einem Wohnhaus an der Nordseite der Dorfstraße untergebracht. Unser »Campingwagen« war am südl. Ortsrand in einer Schonung abgestellt. Evtl. wollten wir versuchen, Funkverkehr aufzunehmen, und bauten dazu eine L-Antenne auf.

Auf der ganzen Fahrt von Klein Döbbern nach Birkholz hatten wir schönes, zu warmes Wetter für diese Jahreszeit. Auch nachts haben wir nicht gefroren. Bei Dunkelheit sahen wir manchmal in der Ferne Geschützfeuer und hörten Gerummel. Flugzeuge bei Tage haben wir selten gesehen. Andere Einheiten haben wir unterwegs keine angetroffen. Entweder waren die kämpfenden Verbände noch weit hinter uns, oder wir befanden uns schon zu weit in dem späteren Kessel der 9. Armee. Wie die Verpflegung unterwegs bis Birkholz war, weiß ich nicht mehr genau. Dunkel kann ich mich daran erinnern, daß wir hauptsächlich trockenes Kommisbrot hatten und eine Menge von »Kunsthonig«, der uns schon zum Halse heraushing. In Birkholz hatten wir wieder Gelegenheit, etwas Warmes zu essen. Unser Koch, Uffz. Zech, verstand es immer wieder, etwas auf die Beine zu bringen, wobei ihm sein Gehilfe, der Ogefr. Willi Spallek, dabei findiger und fleißiger Helfer war. Es wird wohl auch manchmal Pferdefleisch dabei gewesen sein. Ich kann mich noch erinnern, daß der Ogefr. Spallek an einem Vormittag, es war auf der Fahrt nach Birkholz, mit einem Pferd angeritten kam, nur mit Turnhose bekleidet und ohne Sattel saß er auf dem Pferd. Woher er es hatte, weiß ich nicht mehr. Es war ein kräftiges Bauernpferd, ein Falbe. Geschlachtet haben wir es aber nicht, wohl aber später wieder laufen lassen.

Am 25.04.45 verloren wir bei einem russ. Tieffliegerangriff den Ogefr. Karl Müller, er stammte aus Mühlenbeck, einem kl. Ort nördl. Berlin. Bei dem Angriff wurde auch ein Fahrzeug, das auf dem Hof unseres Gef.-Standes abgestellt war, in Brand geschossen und brannte vollkommen aus. Mit 2 Soldaten, meiner Schwägerin Elfi und der Lw.-Helferin Lucie

Scherner hatten wir Quartier in unserem »Campingwagen« bezogen, es war zwar etwas eng, aber besser noch als in der Scheune.

Am 26.04.45 haben wir den Ogefr. Müller auf dem kleinen Friedhof bei Birkholz beerdigt. In unserem Bereich bewegten sich Splittergruppen des Strafbatl. 999 und der Division Dirlewanger, die sich aber weiter nach Westen in den Bereich südl. Halbe bewegten. Vereinzelte Panzer und LKW fuhren wild im Gelände umher. Nichts war mehr zusammenhängend. Von Führung oder Kommandostruktur konnte keine Rede mehr sein, jeder war sich nur selbst der Nächste.

Soweit ich mich erinnern, kann waren die Tage in Birkholz verhältnismäßig schön und meist sonnig, eigentlich für die Jahreszeit zu warm. Aber wir waren es zufrieden, da naturgemäß auch die Nächte nicht kalt waren. Tag und Nacht war Gefechtslärm zu hören. Überall rumorte es. Russ. Einheiten hatten wir bisher nicht zu Gesicht bekommen. Die russ. Luftwaffe war sehr aktiv. Zwischenzeitlich beorderte unser Regimentskommandeur, Oberst Tyroller, eine Gruppe von Soldaten an die Straße von Märkisch Buchholz nach Leibsch, unter dem Befehl von Oberwachtmeister Basen. Die Stelle lag ca 1,5 km südl. von uns. Ausgerüstet mit 2 MG 42, Panzerfäusten und Handfeuerwaffen sowie einem Feldfernsprecher im OB-Betrieb mit Feldkabelverbindung 2-Draht zum Gef.-Stand in Birkholz. Auftrag: Sicherung gegen Feindkräfte und sofortige Meldung an uns. Da die meisten Soldaten aus dem NO-Bereich stammten, habe ich mich bemüßigt gefühlt, unseren Oberst zu einer Zurücknahme zu überreden, da mir die ganze Sache auch wenig sinnvoll erschien. Welchen Zweck sollte es auch haben und was wollte man damit erreichen, oder konnte man damit erreichen? Am 27.04.45 wurde diese Gruppe ohne Ersatz zurückbefohlen. Damit war unser NO-Verein wieder vollzählig beisammen.

Am 28.(?)04.45 vormittags waren einige von uns dabei, wie auf dem kleinen Friedhof bei Birkholz der Chefarzt der SS-Division Nederland, Dr. Crey, mit soldatischen Ehren beigesetzt wurde. Sein Grab ist erfreulicher Weise noch so erhalten, wie es damals war, ich war auch dabei. Die San.-Einheit SS-Div. Nederland war wohl auch in Birkholz untergezogen.

Samstag, den 28.04.1945, vormittags, unser Rgts.-Kdr. Oberst Tyroller mit dem Ia Lt. Frommberger fährt zu einer per Funk aufgefangenen Lagebesprechung in der Nähe der Försterei Kleinhammer, ca 7,5 km Luftlinie nordwestlich von uns. Wie er uns später mitteilt, waren dort eine Reihe von Einheitsführern und Generalstäbler zusammengekommen. Von General Busse war dort keine Rede mehr. Zwischenzeitlich hatte ich mit dem Wm. Kurt Krause Funk- und Fernschreibgeräte sowie die Schlüsselmaschine ENIGMA vernichtet, denn uns war klar, daß nach Abbruch sämtlicher Fm-Verbindungen die vorhandenen 50-Watt-Sender, Siemens-Hellschreiber usw. nutzlos waren und besser nicht den Russen in die Hände fallen sollten. An einigen Tagen vorher hatten wir, es klingt seltsam, noch Fernsprechverbindung über Postnetz nach Strausberg, Bad Saarow und auch Zossen. Diese Verbindungen waren am 28.04. nicht mehr vorhanden.

Es war etwa gegen 14.00 Uhr, als unser Kommandeur Oberst Tyroller uns alle auf dem Hof unseres Gef.-Standes antreten ließ. Nach kurzer Bekanntgabe der aussichtslosen Lage und Abriß sämtlicher Fm-Verbindungen erklärte er uns Soldaten aus dem geleisteten Soldateneid als entlassen, die Lw-Helferinnen ihrer Dienstpflicht für entbunden und die noch bei uns befindlichen Russen als frei. Jeder solle so gut er könne, sich westwärts durchschlagen. Er wünschte uns allen viel Glück und unbeschadete Heimkehr. Für einige von uns sollte es ein Weg in den Tod bedeuten.

Wir, eine kleine Gruppe, bestehend aus den 4 Lw-Helferinnen, davon zwei mit ihren Verlobten, und mit noch 6 weiteren Soldaten, machen uns auf den Weg vorwärts. Die 8 Russen wußten nicht wohin und baten, sich uns anschließen zu dürfen. Wir hatten nichts dagegen, was sollten wir ihnen auch raten, sie taten uns auch leid. Nach unseren Überlegungen war es bis zur Elbe noch sehr weit und fast aussichtslos, dorthin zu gelangen. Wir beschlossen daher, uns irgendwo von den Russen überrollen zu lassen. An Gefangenschaft hatten wir dabei viel weniger gedacht. Querbeet durch den Kiefernwald in südwestl. Richtung ging es zu einem Kuschelgelände südl. des Köthener-Sees. Das war unsere erste Station, wo wir uns mit Hilfe der bei uns gebliebenen Russen eingruben. Ari-Beschuß aus dem Bereich Schlepzig, südostwärts von uns, wurde zu gefährlich. Der Iwan schoß ja auch nicht gezielt, sondern streute ins Gelände und traf eigentlich immer etwas. So wurde durch einen Zufallstreffer der Fw. Truschel schwer verwundet und seine Braut Ruth Nowak bekam etliche Splitter in den linken Arm. Die Gegend um uns herum war ziemlich mit SS-Soldaten bevölkert. Zufällig kam auch ein Sankra der SS daher, der Fw Truschel und Ruth Nowak, nachdem ich erste Hilfe geleistet hatte, einlud, sie wollten versuchen, nach Märkisch Buchholz oder Leibsch zu einem HVP zu kommen. Im Sankra waren schon mehrere verwundete Soldaten. Ob sie Glück hatten und in einem Krankenhaus oder einem HVP aufgenommen wurden, weiß ich nicht.

Wir Zurückbleibenden haben vorgezogen, ca. 2 km weiter südwestlich im Kiefernwald neben einer Schneise uns neu einzugraben. So geschah es denn auch. Mit Hilfe unserer Russen haben wir 2 sogen. Zickzackgräben ausgehoben, in dem einen die Russen und in dem anderen wir. Der Wm Kurt Krause und der Uffz. Georg Dankmann mit einem weiteren Soldaten trennten sich von uns, sie wollten auf jedenfall noch weiter nach Westen.

Alle Überredungskunst von mir nutzte nichts. Es war schon dämmerig, als sie losmarschierten. Wir haben uns dann in die Gräben einer hinter dem anderen gesetzt. Es sollte ja auch nur ein Splitterschutz sein. Von oben hatten wir die Gräben mit Zweigen so gut es ging abgedeckt. Die Nacht haben wir so gut es ging in diesem Graben verbracht. Irgendwann hörten wir in der Nacht eine Granate heranrauschen, wir warteten angstvoll auf die Detonation, die blieb aber aus. Am anderen Morgen sahen wir 1 m neben unserem Graben das Einschlagloch. Wenn die detoniert wäre, wäre wohl nicht viel von uns übrig geblieben.

Sonntag, den 29.04.45, es war schon hell, als die Iwans die Wälder nach Soldaten oder Flüchtlingen durchkämmten. Leider wurden wir aufgespürt. Dem unvermeidlichen Schicksal in die Augen sehend, mußten auch wir in den sauren Apfel beißen, in Gefangenschaft zu gehen. Gott sei Dank allerdings heil und unversehrt. Die Lw-Helferinnen wurden von uns getrennt. Was mit den ehem. russ. Kriegsgefangenen geschah, wußten wir auch nicht. Aus dem russ. Palaver, das ziemlich lauthals geführt wurde zwischen unseren Russen und ihren Landsleuten, konnte man an der Gestik erkennen, daß wir ungeschoren blieben. Wir brauchten nicht einmal die Hände hoch zu nehmen und wurden auch nicht gefilzt. Einem jungen russischen Soldaten habe ich meine Pistole P38 mit 3 vollen Ersatzmagazinen übergeben. Der machte erst ein dummes Gesicht, dann aber einen kleinen Freudentanz, wahrscheinlich war ihm das noch nie passiert. Daß das auch hätte schiefgehen können, ist mir erst viel später aufgegangen. Wir waren nun in russ. Kriegsgefangenschaft, was wir überhaupt nicht wollten. Unsere Lw-Helferinnen haben wir eine Weile später am Bahnhof Oderin auf der kleinen Verladerampe sitzen sehen. Wie es nun weitergehen könnte, hatten wir keine Vorstellungen. Übergriffe oder Mißhandlungen seitens der russ. Soldaten habe ich keine erlebt. Die Behandlung war den Umständen entsprechend korrekt. Wir wurden auf einer freien Fläche südlich bzw. südwestlich von Oderin und Teurow untergebracht. Übernachtung im freien Gelände. Verpflegung erhielten wir in den ersten Tagen keine. Die meisten von uns hatten auch noch Verpflegung dabei. Aber unheimlich viele Soldaten waren hier zusammen auf der freien Fläche. Das werden so mehrere Tausend gewesen sein. Eigentlich wollten wir zusammen bleiben, aber leider haben wir uns aus den Augen verloren. Am 01. Mai 1945 sind wir über Schneisen und quer durch die Wälder, vorbei am Neuendorfer-See, Scharmützelsee über Fürstenwalde nach Frankfurt/O marschiert und landeten dort in einer Flak(?)–Kaserne. Ich schätze, da waren so um die 20 000 Soldaten. Alle Gebäude waren voll, viele mußten draußen übernachten …

»Wie war das noch?«, eine Broschüre von Heinz Keim, Hauptmann a. D., 2. verb. Auflage, April 1996.

Einheiten, die zwischen dem 20.04. und 01.05.1945 im Raum Märkisch Buchholz – Baruth, Mittenwalde – Königswusterhausen gekämpft hatten und deren Verwundete in der Kartei des Kriegslazaretts Königswusterhausen erfaßt worden waren
(Um das Zeitkolorit nicht zu verwischen, sind die Bezeichnungen nicht korrigiert)

I. WEHRMACHTEINHEITEN

AOK 9:	Stabs-Kp.. Armeewaffenschule, Sturm-Btl.
AOK 11:	Begleit-Kp.
Inf.-Div.:	35., 63., 203. (Döberitz), 337, 711, 745, 75
Inf.-Rgt.:	11, 80, 87, 91, 96, 222, 300, 301, 355, 467, 652, 698, 668, 764 (neu), 732, 983, 984, 985, 1087, 1242
Inf. Ers. und Ausb. Btl. :	IR 9, Ausb. Btl., Ers. und Ausb Abt. IR 13 (Bestensee) mot. 1, 11 (Spreenhagen), 12, 67, 89, 3 (Brandenburg), IR 10 (Ausb. Btl.), 230, 497, 265, (Spandau), 32, 554, Inf. Ers. Abt. Fürstenberg
Grenadiere:	32. Gren. Div.
Gren.-Rgt.:	32, 67, 86, 87, 91, 204, 252, 301, 302, 378, 300, 247, 392, 690, 983, 984, 985, 1087, 1242,1313, Rgt. »Mitte«
Gren.-Ausb. und Ers. Btl.:	48, 67, 12, 82 (Zeesen), 203, 309, 497, 673, 116 (Marburg)
Füsilier–Btl.:	214, 353, 275, 286, 342, 35
B.Kavallerie:	Kav. Ergz. »Nord«, Aufkl. Ers. Abt. 9, 3. Schwadron
C. Artillerie:	schw. Art. Brig. 732, schw. Art. Abt. 65 (mot), 6. Festung-Art. Abt. 1325, Art. Abt. 21
Art. Rgt.:	3, 13, 20, 23, 24, 30, 33, 75, 155, 132, 230, 243, 275, 291, 342
Werfer:	Werfer-Abt. 505, Granatwerfer-Abt. 16086, Werfer-Rgt. 52, Werfer-Abt. 506
Sturmgeschütze:	Sturmgeschütz-Abt. 444, Sturmgeschütz Ers. und Ausb. Abt.
Ausb. und Bttr.:	le Art. Ausb. Btl. 75 (mot), le Art. Ausb. Abt. 3 Frankfurt/Oder, 1. Art. Ers. und Ausb. Btl.44, Art. Sperrverband Berlin, 2. Marsch–Bttr. A 3, Heeres Art. 732

D. Schnelle Truppen:	18. Pz. Div. Rgt. 40, 21. Pz. Div. Rgt. 192, Rgt. 19, 21. Pz. Div. Ausb.-Abt. 17, Pz.- Abt. 502, Pz-Abt. 503, Pz.-Nahkampf- Brig.
Pz.-Rgt.:	19, 30, 118, 983, 22
Pz.-Ers.-Abt.:	Btl. 1, Pz.-Einheit 11, Pz.- Ers.-Abt. 302, Pz.-Ers. und Ausb.-Abt. 64
Pz.-Art.:	Pz. Art.–Rgt. 18, Pz. Art.-Abt. 155
Pz.-Pi.-Einheiten:	2. Pz. Pi. 220, 1. Pz. Pi.-Ers. und Ausb. Btl. 208
Pz.-Gren.:	20. Pz.-Gren Div.
Pz.-Rgt.:	24, 125, 118, 192, 732, 1242
Pz.Ausb. und Ers. Btl.:	40, 1, 108, 367, 764
Pz.-Jagdeinheiten:	Pz.-Jagdkommando »Müller«, Pz. Jäger–Abt. 32, 200, 309, 11, 20, 32, 230, Pz. Jagd Ers. und Ausb.-Abt. 7
Pak-Einheiten:	1. Pak-Kp. 23, Festungs-Pak 623, Festungs-

	Pak 14/VIII, Festungs-Pak-Verband 126, Festungs-Pak 14/XXVI, Festungs-Pak III/26, Festungs-Pak-Verband 22/10.-Kp.
E. Piониertruppen:	4. Heeres-Pi.-Brig.,70 (mot), Pi.-Brig. 474, Pi.-Rgt. 46
Btl.:	23, 25 (mot), 70, 54 (Bau–Btl.), 11 (Bau–Kp.), Bau-Btl. 8, 54 Brückenbau, 309, 734, 97 (Eisenbahn), 342, 956
Ers. und Ausb. Btl.:	Pi. Ers. Btl 3 (Brandenburg)
F. Nachrichtentruppen:	Korps-Nachrichten-Abt. 405, Div. Nachrichten-Abt 275, 1. Nachr.-Abt. 105, Nachr.-Div. 214, Nachr.-Abt. 712, Heereszeugamt Nachrichten, Nachr.-Ausb.-Abt. 3
G. Flaktruppen:	23. Flak-Div. 5/321, 25, 46 (mot.)72 le (mot.) 1 le 6. mot., 119 (schw.), 437 (Flak–Rgt. 107), 77, 321, 405 (schw.), 550, 702, 532 (schw.), 907, 1111, 1112, 1207 (schw.)
Flak-Rgt.:	22, 26, 34, 14, 380
Flak-Ers. Einheiten:	Flak-Ausb.-Rgt. 3, schw. Flak-Ers. Abt. 632, Flak-Ers.-Abt. 11, Flak-Ers.-Btl. 51
Scheinwerfer-Einheiten:	Flak-Scheinwerfer-Rgt. 82, Flak-Scheinwerfer-Abt. 370
H. Train usw:	Feldpostamt 23, Sanitäts-Kp. 125, Heeres-Sanitätsstaffel Berlin, Reserve-Lazarett 8 Prag, Krankenkraftwagenzug 405, Verwundeten-Kp. 230, Versehrten-Rgt. 1549, Versehrten-Rgt. 32 Fahrschwadron, Versehrten-Kp. 119, Genesungs-Kp. Spandau, Magenkranken-Btl. 84, Bäckerei-Kp. 230, Sanitäts-Kp. 263, Sanitäts-Kp. Mummert, Versorgungs-Rgt. 717, 1. Fahrschwadron Kraftfahr-Ers. Abt. 3, 1. Fahrschwadron 286, Heeresverpflegungsamt Krakau, Heeres-Muna-Neuruppin, Werkstattzug 644, Werkstatt-Kp. 183, Beobachter-Abt. 19
Ausb.-Einheit:	Btl. 76, 309, 36
Sonstige Einheiten:	Sich.-Btl. 239, Rgt. Weser, Sturm-Abt. 24, Kampf-Btl. 556, Fahnenjunker-Rgt. 1242, 14. Kp.
Schulen und Dienststellen:	Bahnhofskommandantur Lübben, Heeresstandortverwaltung Jüterbog, Uffz.-Schule 7
I. Festungsbesatzung Frankfurt/Oder:	Fest.-Kommandantur, Fest. Rgt. 1, 2, 3, 4,7,

8, Fest.-Art. Abt. 13/25, Festungs-Pak 2/23, Fest.- Art. Abt. Schmidt, Fest.-Fahrschwadron, 294. Ers. Btl. Frankfurt/Oder

J. Div. »Großdeutschland«– Kurmark:

Pz.-Div. »Großdeutschland« Aufkl. Abt., Stabsquartier »Kurmark«, Pz. Gren. Rgt. »Kurmark«, 2. Art. Rgt. »K«, Gren. Rgt. »Kurmark«, 2. SPW-Btl. »K«, Feld-Ers. Btl. »Kurmark«, Pz.-Rgt. »K«

II. LUFTWAFFE

I. Fallschirmjäger-Armee 36. Hundertschaft Fallschirmjäger-Rgt. »Hermann Göring«, 9. Fallschirmjäger-Div., 8. Flieger- Ausb.-Rgt. AOK 9, Luftwaffen-Rgt. 27, 4. Ausb. Btl. O.B. der Luftwaffe, Luftwaffen-Bau-Kp. 113/6, Flieger-Kampftrupp 129, Scheinwerfer-Abt. 808, FEB 9, FEB 230, Ausb.-Btl. O.B. 4, Luftsperr-Abt. 105, 2. Fallschirmjäger-Art-Rgt. 9, Fallschirm-Offz.-Schule 2, XVI. Fliegerkorps Berlin, 11. Fallschirmjäger-Rgt. 16, Luftwaffen-San.-Bereitschaft mot. 6/4, 5. Luft-Nachr.-Rgt., 4. Flak-Abt. 215, 1. Fallschirm-Art.-Rgt. 51, Luftnachr. -technische-Lehranstalt, I. Schlachtgeschwader 1

III. MARINE

1/33 M.E.A. Stettin, 6. Schiffsstamm-Abt. 1. Tl. II (Danzig?)

IV. SS

V. Gebirgs-Korps, 5. Jäger-Div., 118. Jäger-Div., 36. Gren.- Div. »Dirlewanger«, Leibstandarte »Adolf Hitler« 3. Btl., SS-Rgt. 87, SS-Rgt. »Becker«, SS-Rgt. »Dänemark«, SS-Rgt. »Norge«, Stabs-Kp. SS-Wirtschaftsverwaltungshauptamt, SS-Btl. Düsseldorf, SS 1. Gren. Ers. und Ausb. Btl. 13, SS-Jäger Ers. Btl. 833

V. POLIZEI-EINHEITEN

17. Pol.-Div. Stab, 23. Pol.-Div., 35. Pol.-Div., Pol.-Rgt. 35/Panzer-Jäger-Abt., 2. Pol.-Rgt. 13/6, 1. Pol. Rgt. 4. Kp., Pol.-Schule Fraustadt, Pol.-Verw.: Breslau,
Frankfurt/Oder, Anhalt, Hamburg, Berlin,

	Kdo. d. Schupo Berlin, Pol.-Reserve Berlin Wachh- Kp., Pol. Ersatz-Verpflegungsmagazin Stettin, Feuerschutzpolizei-Rgt. 2
VI. LANDESSCHÜTZEN-EINHEITEN	1/I. Landesschützen Ausb.-Btl. 3, 2. " " " 3, 1. Kp. " " " 3 Gneisenau 2 " " " 348, 940, 339 " – Abt. Osnabrück " – Ersatz.-Btl. 3
VII. VOLKSSTURM	Berlin 3/19/2, Rauscha/OL 37. Btl. Kp. F, Samte/Warthe 2. Btl., Peitz/NL Btl. 16/59, Peitz/NL Btl. 15/1, Berlin Btl. 933 Zug Schünke, ? Btl. 2795, Berlin Btl. 3/101 Spandau, ? Btl. 10 V. Frankfurt/Oder Btl. 26/93/1, Kolkwitz Btl. 116/ 4. Kp., Berlin Btl. 3/401, Halle ? , Neusalz/Oder Brückenbau-Btl. 54, 4. Kp., Görlitz Btl. 3/807, Brieskow Btl. 16/156, Berlin Btl. 3/601, Berlin Btl. »Schleidenplatz«, Berlin Volks-Art.-Korps
VIII. SONSTIGE KOMBATTANTEN	A. RAD RAD-Div. Abt. 1/75 RAD 5/133 RAD 2/197 RAD-Abt. 395 B. Hitlerjugend Div. »30. Januar« C. Fronthilfe der Deutschen Reichspost, Postschutzschulungslager Zeesen D. Stadtwacht Berlin 3./ ?

Kopie im Besitz d. Vf.

Das Ergebnis der Kesselschlacht von Halbe aus sowjetischer Sicht
(ohne Datum)

Die sowjetischen Truppen hatten einen vollen Erfolg errungen. Es dauerte lediglich 6 Tage, und die eingekreiste starke Gruppierung war zerschlagen. Die Versuche der Gruppierung zum Durchbruch und der Vereinigung mit der Berliner Gruppierung oder Rückzuges zur Elbe waren vereitelt worden. Die 9. Armee (4. Panzerarmee) verlor 120 000 Soldaten. In Gefangenschaft kamen 60 000 Mann, darunter 7 Generäle. Nur einzelnen zerschlagenen Gruppen war es gelungen, sich durch die Wälder nach Westen zu retten.

Die sowjetischen Truppen erbeuteten eine Menge Kriegsmaterial:

- Panzer und Sturmgeschütze, mehr als 300,
- Feldgeschütze, mehr als 1 500,
- Maschinengewehre 2 180,
- Kfz 17 600 sowie unzählige andere Waffen und Ausrüstungsgegenstände.

An der unmittelbaren Zerschlagung der Gruppierung waren beteiligt:

- 6 allgemeine Armeen
- Teile zweier Panzerarmee, ca. 45 Prozent beider Fronten
- Großteil der Fliegerkräfte der 1. Ukrainischen Front.

Ein besonderes Merkmal der Zerschlagung dieser Gruppierung war, daß ihre Liquidierung nicht im Raum der ursprünglichen Einkreisung erfolgte, sondern im Verlaufe des Ausbruchs nach Westen. Die konzentrierten Schläge der Armeen beider Fronten von Norden, Osten und Süden bei Beginn der Operation zur Aufspaltung der 9. Armee in einzelne Teile erreichten ihr Ziel nicht.

Die Führung der 9. Armee konzentrierte unter dem Druck der sowjetischen Armeen starke Kräfte auf engem Raum bei Märkisch Buchholz. Von hier aus erfolgte eine Reihe von Schlägen auf die Nahtstelle 3. Gardearmee/28. Armee mit dem Ziel des Durchbruchs nach Westen.

Die richtige Beurteilung der Lage durch das Kommando der 1. Ukrainischen Front zur vermutlichen Ausbruchsrichtung, die rechtzeitige Schaffung der erforderlichen Abwehrmaßnahmen und die Bereitstellung der erforderlichen Reserven in der Ausbruchsrichtung sicherten die Vereitelung aller Versuche der 9. Armee sowie ihre nahezu völlige Zerschlagung.

Als Reserve wurden immerhin 9 Schützendivisionen und 1 Panzerkorps bereitgestellt.(149., 253., 3. und 4. Gardearmee, 96., 50., 54., 55. und 28. Armee, 395., 117., 280. und 13. Armee, 25. Panzerkorps und 3. Gardearmee)

Im Verlaufe der Handlungen wurden herangezogen: die 61. Schützendivision der 28. Armee, 3 Panzerbrigaden der 4. Gardepanzerarmee (die 63., 68., 61.), je 1 mechanisierte Brigade der 3. und 4. Gardepanzerarmee (71. und 72.) und 1 Kradschützenregiment der 4. Gardepanzerarmee.

Aus: Vorobew u. a., Posledni Schturm, Moskau 1975.

2. Quellenhinweise und ausgewählte Literatur

Benutzt wurden Quellen aus dem Bundesarchiv Militärarchiv Freiburg, dem Bundesarchiv Militärisches Zwischenarchiv Potsdam, Unterlagen in den Sammlungen d. Vf. sowie das Archiv der Gedenkstätte/Museum Seelower Höhen.

Berlin und Brandenburg. Hrsg. von Dr. G. Heinrich, Stuttgart 1985

Besucherheft. Gedenkstätte/Museum Seelower Höhen, Berlin 1992

Busse, Th., Die letzte Schlacht der 9. Armee, in: Wehrwiss. Rundschau 4(1955), S. 145 ff.

Deutschland im zweiten Weltkrieg, 6. Bd., Berlin 1984

Förster, G.,/Lakowski, R., 1945. Das Jahr der endgültigen Niederlage der faschistischen Wehrmacht, 2. Aufl., Berlin 1985

Fontane, Th., Wanderungen durch die Mark Brandenburg. Spreeland, 2. Aufl., Berlin u. Weimar 1982

Führling, G.G., Endkampf an der Oderfront. Erinnerung an Halbe, München 1996

Gellermann, G., Die Armee Wenck. Hitlers letzte Hoffnung. Aufstellung, Einsatz und Ende der 12. deutschen Armee im Frühjahr 1945, Koblenz 1984

Geschichte des zweiten Weltkrieges in zwölf Bänden, 10. Bd., Berlin 1982

Gosztony, P., Der Kampf um Berlin 1945, Düsseldorf 1970

Heeresdienstvorschrift 300/1, Truppenführung, I. Teil, Berlin 1936

Keim, H., »Wie war das noch?«, eine Broschüre v. Heinz Keim, Hauptmann a.D., Über das Schicksal des Stabes Flakregiment 107(o), 2. verb. Auflage, April 1996

Konew, I.S., Das Jahr fünfundvierzig, 4. Aufl., Berlin 1982

Kuby, E., Die Russen in Berlin 1945, München 1965

Lakowski, R., Das Ende der Naziherrschaft in Brandenburg. Mit einer Dokumentation, in, Brandenburg in der NS-Zeit. Studien und Dokumente, hrsg. v. D. Eichholtz und A. Püschel, Berlin 1993

Lakowski, R., Seelow 1945. Die Entscheidungsschlacht an der Oder, Militärhistorischer Exkursionsführer hrsg. vom Militärgeschichtlichen Forschungsamt, Bd.1, 3., durchg. Aufl., Berlin 1996

Le Tissier, T., Der Kampf um Berlin 1945. Von den Seelower Höhen zur Reichskanzlei, Frankfurt a.M./Berlin 1991
Le Tissier, T., Durchbruch an der Oder. Der Vormarsch der Roten Armee 1945, Frankfurt a.M./Berlin 1995

Michaelis, R., Kampf und Untergang der 32. SS-Freiwilligen-Grenadier-Division »30. Januar«, Erlangen 1993
Murawski, E., Die Eroberung Pommerns durch die Rote Armee, Boppard 1969

Ryan, C., Der letzte Kampf, München 1966

Scheel, K., Die Befreiung Berlins 1945, 2. überarb. Aufl., Berlin 1985
Spaeter, H., Geschichte des Panzerkorps Großdeutschland, Duisburg-Ruhrort 1958
Stich, K., Der Durchbruch der Verteidigung der faschistischen deutschen Truppen an der Oder durch die sowjetischen Streitkräfte in der Berliner Operation im Frühjahr 1945. Diss. A, Dresden 1989, Militärakademie
Schtemenko, S.M., Im Generalstab, Bd.1, Berlin 1975
Shukow, G.K., Erinnerungen und Gedanken, Bd.2, Berlin 1969

Tieke, W., Das Ende zwischen Oder und Elbe. Der Kampf um Berlin 1945, 2. Aufl., Stuttgart 1992
Tieke, W., Im Feuersturm der letzten Kriegsjahre, Osnabrück 1975
Tschuikow, W.I., Gardisten auf dem Weg nach Berlin, Berlin 1976

Vorobew, F.D., u.a., Posledni Schturm, Berlinskaja Operazia 1945, Moskau 1975

Ziemke, E.F., Die Schlacht um Berlin, Berlin 1992

3. Abkürzungsverzeichnis

Abt.	Abteilung
A./St.A.	Armee/Stoßarmee
A.K./AK	Armeekorps
AOK/ A.O.K.	Armeeoberkommando
Art.	Artillerie
Aufkl.	Aufklärungs-
besp.	bespannte
Btl.	Bataillon
Bttr.	Batterie
Bf./Befh.	Befehlshaber
BF	Belorussische Front
Brig.	Brigade
BR	befestigter Raum
Div.	Division
Ers.u. Ausb.	Ersatz und Ausbildung
FA	Frontfliegerkräfte
FEB	Feldersatzbataillon
F.H.	Feldhaubitze
FJäg.	Fallschirmjäger
FJk.	Fahnenjunker
Flk	Fernlenk (?)
Flak	Flakart./ Fliegerabwehrkanonen
Fsch./Fs	Fallschirm
Füs.	Füsilier
GA	Gardearmee
GADD	Gd.-Artillerie-durchbruchsdivision
»GD«	»Großdeutschland«
Gd.	Garde
Geb.	Gebirgs-
Gen.Stab./ Gen.St.	Generalstab
Geschoß Wf.	Geschoßwerfer
GKK	Gardekavalleriebrigade
GKABr	Gardekanonen-artilleriebrigade
G mech K, GMK	Gd. mech. Korps
GPA	Gardepanzerarmee
GPBr.	Gardepanzerbrigade
GR	Garderegiment
GSD	Gardeschützendivision
Gr.	Gruppe
GWf.	Granatwerfer
Gren.	Grenadier
HAR	Haubitzen-artillerieregiment
HKL/ H.K.L.	Hauptkampflinie
H.G./HG	Heeresgruppe
HJ	Hitlerjugend
Hptm.	Hauptmann
I./Inf.	Infanterie
I.D./ID	Infanterie-Division
Jäg.	Jäger
Jg.	Jagd
K.	Korps
Kav.	Kavallerie
Kdr	Kommandeur
Kdt.	Kommandant
Kgr	Kampfgruppe
Korück	Kommandeur der rückw. Verbindungen
Kp.	Kompanie
KfZ/KFZ	Kraftfahrzeug
l	lehr-

le.	leicht
Lnt.	Leutnant
Maj.	Major
Mar.	Marine
mech.	mechanisiert
mech. Br.	mechanisierte Brigade
MG/M.G.	Maschinengewehr
mot.	motorisiert
Nachr.	Nachrichten
NS	Nationalsozialistisch
O.B.	Oberbefehlshaber
Ogefr.	Obergefreiter
Olnt.	Oberstleutnant
Oberstlnt.	Oberstleutnant
OKH	Oberkommando des Heeres
OKW	Oberkommando der Wehrmacht
Pak	Panzerabwehrkanone
PD	Panzerdivision
PGrD	Panzergrenadier-division
Pgr R»K«	Pz-Gren.Rgt »Kurmark«
Pgr R »N«	Pz-Gren Rgt »Nordland«
Pi	Pionier
PK	Panzerkorps
Pol.	Polizei
Poln.	polnisch
PR	Panzerregiment
Pz.	Panzer
PzPiBtl	Panzerpionierbataillon
RAD	Reichsarbeitsdienst
Res.	Reserve
Rgt.	Regiment
RSO	Raupenschlepper Ost
S.	Schützen
SD	Schützendivision
schw.	schwer
SfL.	Selbstfahrlafette
sHABr	schwere Haubitzen-artilleriebrigade
Sich.D.	Sicherungs-Division
SK	Schützenkorps
SS	Schutzstaffel
SS-PGr D	SS-Pz.-Gren. Division
SS-PK	SS-Panzerkorps
SS-Pol.D.	SS-Polizeidivision
StA	Stoßarmee
StuG.	Sturmgeschütz
UF	Ukrainische Front
VStr	Volkssturm
Wm	Wachtmeister
z.b.V.	zur besonderen Verwendung

4. Personenverzeichnis

5. *Ortsverzeichnis*

Ausbruchswege der deutschen Truppen (25.4.–1.5. 1945)

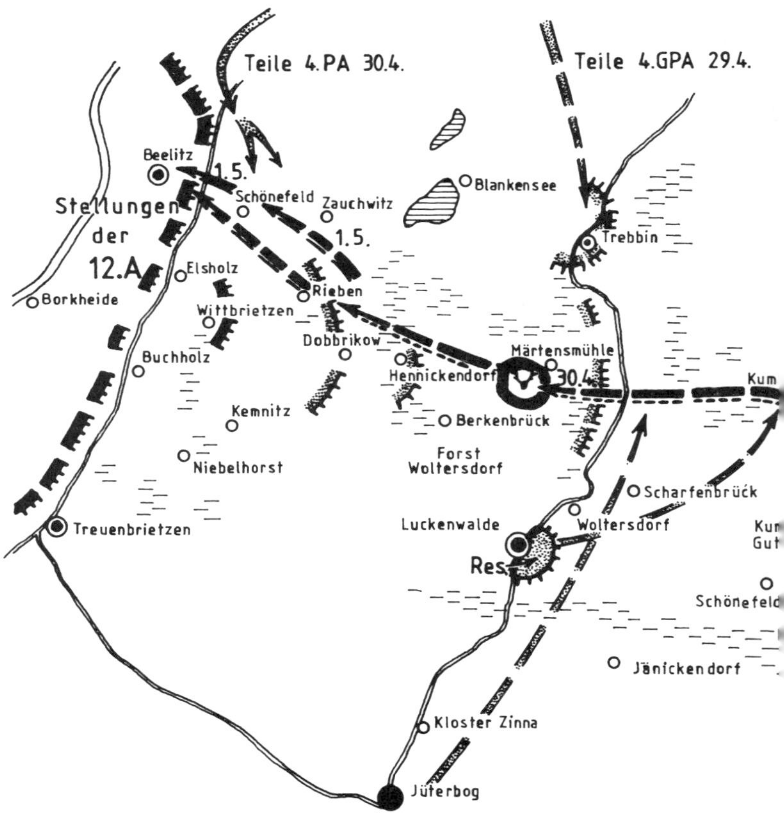